A FORÇA DAS FALAS NEGRAS

relatos de vidas

Editoras
Cristina Fernandes Warth
Mariana Warth

Coordenação editorial e capa
Daniel Viana

Assistente editorial
Daniella Riet

Preparação de originais
Eneida D. Gaspar

Revisão
BR75 | Aline Canejo

Este livro segue as novas regras
do Acordo Ortográfico da Língua Portuguesa.

DADOS INTERNACIONAIS DE CATALOGAÇÃO NA PUBLICAÇÃO (CIP)
(CÂMARA BRASILEIRA DO LIVRO, SP, BRASIL)

A força das falas negras : relatos de vidas / org. Sonia Rosa. -- Rio de Janeiro : Pallas Editora, 2024.

Vários autores.
Bibliografia.
ISBN 978-65-5602-069-3

1. Antirracismo - Brasil 2. Experiências - Relatos 3. Memórias autobiográficas 4. Negros - Brasil - História 5. Racismo - Aspectos sociais I. Rosa, Sonia.

24-188611 CDD-305.8009

Índices para catálogo sistemático:
1. Racismo : Relações raciais : Sociologia 305.8009
Tábata Alves da Silva - Bibliotecária - CRB-8/9253

Pallas Editora e Distribuidora Ltda.
Rua Frederico de Albuquerque, 56 Higienópolis
CEP 21050-840 | Rio de Janeiro, RJ
Tel. 21 2270-0186
www.pallaseditora.com.br | pallas@pallaseditora.com.br

A FORÇA DAS FALAS NEGRAS

relatos de vidas

org. Sonia Rosa

Alana Francisca
Anderson "Quack"
Diego Santos Francisco
Elen Ferreira
Jacqueline Torres
Kemla Baptista
Luis Araújo
Roberto de Oliveira Silva
Rodrigo Mendes
Sandro Lopes
Sara da Silva Pereira
Simone Ricco
Sinara Rúbia Ferreira
Tatiane Oliveira
Vitor da Trindade
Waldinéia Teles Pereira
Zâmbia Osório dos Santos

PALLAS

Dedico este livro a Sinara Rúbia
e a Sandro Lopes (em memória).

SUMÁRIO

APRESENTAÇÃO

SONIA ROSA

> A minha luta continua sendo por essas pessoas, nossa história não foi escrita, a nossa história não foi filmada, pela nossa perspectiva, principalmente. Então eu preciso trabalhar. Quando eu abro uma empresa gerenciada por nós mesmos é com base nisso aí, pra levantar e gerar capital mesmo, para amanhã a gente estar comprando as histórias nossas, fazendo filmes nossos, lançando livros com a nossa *perspectiva*. (EMICIDA; CULT, 2012)

Nóiz
[...]
Nóiz e nesse nóiz
Não existe um porém
Nóiz e se não for nóiz
Não vai ser ninguém
[...]
(EMICIDA; VASSÃO, 2013)

É com grande alegria e satisfação que apresento aos leitores este trabalho realizado ao longo de alguns meses, tendo sido concebido e desenvolvido durante a pandemia da covid-19, entre 2020 e 2021.

Trata-se de um livro de relatos de vidas. São narrativas relevantes para os nossos dias atuais porque se destinam a contribuir para uma reflexão sobre o racismo impregnado em nossa convivência.

Os variados depoimentos apontam reflexões e ensinamentos geradores de possibilidades de reconhecer, identificar e nomear comportamentos racistas e segregadores tão presentes em nossa sociedade.

Não podemos permitir que manifestações racistas protagonizem os espaços de convivência, desrespeitando, magoando e adoecendo gentes.

Ressalto que a ideia do livro de narrativas autobiográficas não é novidade para mim. A dissertação que produzi para a conclusão do meu mestrado em Relações Étnico-Raciais foi elaborada dentro desta concepção. Tenho em meu peito as dores, os sustos e os sentimentos de coragem, cura e libertação ao acessar tão importantes conteúdos de minha vida e transformá-los em escrita narrativa em primeira pessoa.

Mas informo que esta não é uma ideia nova: já encontramos, dentro do mercado editorial, livros em formato de depoimentos relacionados às vidas de pessoas negras e ao racismo propriamente dito. Cito aqui, como exemplos, os livros da professora doutora Aparecida Ferreira de Jesus (*Racismo*, *Racismo no Brasil* e *Letramento racial crítico*), o do escritor e ator Lázaro Ramos (*Na minha pele*) e os da escritora e professora Clarissa Lima (*Cor de pele* e *Cor de pele II*), entre tantos outros.

A provocação inicial deste trabalho aconteceu com uma postagem feita em sua rede social pela escritora, professora e militante da leitura de histórias negras Sinara Rúbia. Ela compartilhou um incômodo que viveu ao sair de sua casa pela primeira vez após meses de isolamento.

Indignada, ela relatava que, naquela manhã de sol, colocou com alegria o seu turbante colorido para compor o seu vestuário. Estava indo a uma consulta médica em um lugar distante de sua residência. Foi preciso fazer um longo deslocamento até chegar ao local da referida consulta. Neste trajeto, ela experimentou o sabor amargo do racismo que se estendeu até o momento da consulta propriamente dita. Ela foi "afetada", de forma direta e negativa, por inúmeros olhares de indagação e repulsa dirigidos à sua indumentária escolhida, naquela manhã de sol, para enfeitar a sua cabeça. O turbante usado por pessoas negras tem uma simbologia de marca de negritude, muitas vezes ele faz referência à religiosidade de matriz africana; e este último fato é imperdoável para os racistas...

Sinara estranhou aqueles olhares que aprendeu a identificar em sua vida como racismo, mas, devido às orientações de isolamento da pandemia que assolou nosso país, estava há meses sem sair de casa. Havia esquecido, momentaneamente, como eram incômodas aquelas situações diárias de discriminação e preconceito racial dirigidos a ela dentro do seu convívio social. Mas isso não a derrubava, ao contrário, fortalecia a sua identidade negra e a impulsionava na luta a favor das vidas negras.

Quando li o *post* de Sinara, fiquei profundamente triste. E naquele mesmo dia, quando fui fazer minha rotineira caminhada ao ar livre, fiquei refletindo sobre a presença nefasta do racismo em nossas vidas. Quanto sofrimento ele causa e quantas marcas profundas ele deixa na gente! Neste caminhar, fui pensando no desagradável e inaceitável episódio do turbante, e acabei tendo a ideia do livro. Minha imaginação estava a mil naquela caminhada. Junto com a ideia do livro e as prováveis pessoas que convidaria para a escrita, veio também o título que daria. Ele apareceu pulsando em minha cabeça: *A força das falas negras*. Este nome "tomei emprestado" do sarau que coordeno há alguns anos, junto com Tatiane Oliveira, e que visa referendar o protagonismo, os dizeres e os feitos negros.

A importância da corajosa escrita dessas narrativas é a partilha desses episódios sobre a violência do racismo que acontecem em nosso entorno, no nosso cotidiano, em nossas vidas. Essa partilha precisa circular dentro e fora da escola para que avancemos na busca de uma convivência mais respeitosa e igualitária, na qual a diversidade realmente seja celebrada e nunca desrespeitada.

Mais do que não ser racistas, é preciso que sejamos antirracistas, nos ensina Angela Davis (2016).

Que sejamos tocados por essas narrativas repletas de sentimentos e humanidade, e jamais permitamos que situações desse tipo se repitam, perto ou longe de nós.

Sinara foi a primeira convidada para fazer os relatos desse livro. Depois fui convidando outras pessoas. Algumas aceitaram de pronto. Outras, apesar do aceite, não conseguiram evoluir em seus escritos e desistiram no caminho. Compreendi e acolhi a delicadeza dessas dificuldades porque sei, por experiência própria, que não é tarefa fácil acessar certas memórias...

Para direcionar os escritos/relatos dos convidados e dar uma certa "unidade" ao livro, solicitei que respondessem à seguinte pergunta: "Como você identifica o racismo em sua vida, em seu entorno, em seu cotidiano?"

E cada um, baseado nesta provocação, produziu, singularmente, os seus escritos.

Todos os escritores que participam deste livro são pessoas amigas, queridas e pertencentes à minha rede de afetos.

Não consegui convidar todos que gostaria, porque precisei considerar um tamanho viável para a produção possível desta obra, levando em conta suas especificidades e o momento de instabilidade político-econômica que estamos vivendo.

Ao longo do percurso da feitura deste livro uma tristeza invandiu nossos corações... Sandro Lopes, nosso amigo querido que havia acabado de defender seu doutorado, nos deixou vitimado pelo vírus da covid-19. Suas palavras ficam então eternizadas aqui nesta obra. Gratidão, Sandro Lopes!

Alana, Anderson, Diego, Elen, Jacqueline, Kemla, Luis, Roberto, Rodrigo, Sandro, Sara, Simone, Sinara, Tatiane, Waldinéia, Vitor e Zâmbia: agradeço a todos vocês por aceitarem o convite e toparem "sonhar" comigo para a construção deste livro tão precioso para mim.

Agradeço também à editora Pallas, esta casa acolhedora de minhas palavras, por, mais vez, confiar em mim e aceitar editar este conteúdo repleto de potentes vozes negras.

Ao meu amigo Renato Noguera, agradecimento especial por fazer o prefácio com a gentileza e a sabedoria de sempre.

Aos leitores queridos, um forte abraço e o desejo de uma boa leitura!

Janeiro, 2021

Referências

CULT Revista. *Grandes artistas: Emicida*. Vídeo de 11min., trecho 10min25-10min55, 2012. Disponível em: <https://youtu.be/b-D9jq-X0Cw> Acesso em: 29 mar. 2022.

DAVIS, Angela. *Mulheres, raça e classe*. Tradução: Heci Regina Candiani. São Paulo: Boitempo, 2016.

EMICIDA; VASSÃO, Felipe. Nóiz. In: EMICIDA. *O glorioso retorno de quem nunca esteve aqui*. 1 CD. Faixa 3. Laboratório Fantasma, 2013.

PREFÁCIO

RENATO NOGUERA

Falas negras têm força porque são relatos de vidas. Todo relato de vida enegrecido é um exercício poderoso de descoberta e construção de identidades negadas. Não vou antecipar o que virá nas páginas seguintes, fazendo um resumo do que dizem Alana Francisca ("O aprendizado da luta contra o racismo que vi e senti"), Anderson "Quack" Luiz Alves de Oliveira ("Pela lente latente do racismo"), Diego Santos Francisco ("Caminhar de mãos dadas com a esperança"), Elen Ferreira ("Olhar no espelho e sentir: gritos de denúncia contra o alijamento da humanidade e a plenitude do ser negro"), Jacqueline Torres ("Alforria narrativa"), Kemla Baptista ("Usar fio de contas é feio?"), Luis Araújo ("Entre o visível, o invisível e o indizível nas estruturas do racismo"), Roberto Silva ("O racismo em minha vida"), Rodrigo Mendes ("Olhares e visões"), Sandro Lopes ("Por que um?"), Sara Pereira ("Entre dores e dissabores: o racismo"), Simone Ricco

("Testes de resistência"), Sinara Rúbia ("O turbante e a segunda chance"), Tatiane Oliveira ("Espelho, espelho meu"), Vitor da Trindade ("Como você identifica o racismo em seu entorno, em seu cotidiano... em sua vida?"), Waldinéia Teles Pereira ("Entre anúncios e denúncias: um depoimento de violência racial, resistências e bem viver") e Zâmbia Osório ("Sobre máscaras e racismo: sou uma *lady* ou uma militante?"). Eu tive a oportunidade de ler todos esses textos, mas, sem querer dar *spoiler*, não vou prefaciar resumindo cada texto. Vou arriscar contar uma história que faz com que o destino de uma pessoa seja compartilhado por todas.

É inevitável falar de racismo. Todos os textos, de formas diversas, passam pela experiência da discriminação racial na sociedade brasileira. A estrutura racista, em todas as suas dimensões e aspectos, é o sujeito que interpela quem escreve. *A força das falas negras: relatos de vidas* é configurado pela institucionalidade do racismo brasileiro. As vivências infantis e de juventude, assim como as experiências adultas, parecem demarcadas por máscaras brancas. Tal como Frantz Fanon (2008) argumentou em *Pele negra, máscaras brancas*, o fenômeno do racismo é estruturante das subjetividades. Os relatos são histórias que provocam laços de empatia, mas estão além disso. Existe um fundo estético-político que não podemos perder de vista. À medida que o livro está pronto sob os olhares de quem lê, uma coisa precisa ser lembrada. Quais os sentimentos e o horizonte dos desejos de quem sofre racismo diariamente, de modo sistemático? Não há como parar de vivenciar o racismo estrutural, sem férias? O que podemos fazer? Sentimentos de raiva e indignação ocorrem com frequência. O sentido dos sentimentos, assim como a estratégia deste trabalho de escrita, é bem simples: as falas são políticas. O que está em jogo é como podemos organizar narrativas que curem feridas.

A história que resume o livro é uma daquelas que todas as pessoas conhecem, todo mundo já ouviu, e as conversas a seu respeito proliferam bastante nos meios acadêmicos e de militância antirracista. Estou falando de um dos provérbio sobre Exu. Na oralitura iorubá, que está presente na religiosidade do candomblé e de culto a Ifá, encontramos o enunciado: "Exu matou um pássaro ontem com a pedra que arremessou hoje". Muniz Sodré (2017) interpretou bem essa ideia no *Pensar nagô*. A leitura é simples: a morte do pássaro ontem por uma pedra arremessada hoje é uma inflexão temporal. Mas também pode ser entendida como uma maneira de olhar o passado e ressignificá-lo. O que aconteceu pode ser transformado num plano interpretativo. Nós não podemos voltar atrás. Porém, podemos reinterpretar o sentido do que já aconteceu. É isso que todas as pessoas estão fazendo: olhando para trás e declarando que não é tarde para compreender e se nutrir com as angústias. A tristeza do sofrimento psíquico pode ser o primeiro passo para a busca de autocuidado. Num outro registro, observar o passado é um convite irrecusável para se posicionar politicamente.

O livro trata de política, um exercício político de reinvenção da vida. Como nos ensina Conceição Evaristo, uma escrevivência (ITAÚ, 2022). O ato de escreviver é sempre uma maneira de ab-reagir, isto é, reviver o passado transformando os seus impactos negativos. A escrevivência não é uma catarse, um vômito depois de um porre para esquecer as dores do que passou. Mas é, sobretudo, o que Exu ensina, o que Sankofa ensina: "Nunca é tarde para olhar para trás e retomar o que ficou" (EPSJV, 2022). Ou seja, ressignificar o sofrimento, não esquecer que sofreu ou a tristeza causada pela opressão. Mas buscar o que foi bom e aprender com o sofrimento que a opressão política do racismo só pode ser enfrentada se formos capazes de nos reunirmos diante dos desafios cotidianos.

Este livro é um daqueles convites urgentes para que possamos nos aproximar e compreender que, sem dar as mãos, acolhendo o outro como precisamos de acolhimento, a solidão pode nos brutalizar de uma maneira terrível. Por isso, ler *A força das falas negras: relatos de vidas* não deixa de ser uma convocação para leituras públicas. Não é para chorar somente a dor do passado, nem para celebrar somente a esperança do que faremos. Mas, inevitavelmente, para fazer aquilo que nos trouxe até aqui: a coragem de chorar, sorrir, ser forte, se saber vulnerável e pedir ajuda sempre que for preciso. Ninguém faz nada só.

Eu recomendo a leitura em voz alta.

Referências

EPSJV/FIOCRUZ. *Projeto Sankofa*. Disponível em: <https://portal.fiocruz.br/noticia/projeto-sankofa-discute-questoes-e-relacoesetnico-raciais>. Acesso em: 23 abr. 2022.

FANON, Frantz. *Pele negra, máscaras brancas*. Tradução: Renato da Silveira. Salvador: Edufba, 2008.

ITAÚ SOCIAL. *Conceição Evaristo*. Disponível em: <https://www.itausocial.org.br/noticias/conceicao-evaristo-a-escrevivenciaserve-tambem-para-as-pessoas-pensarem/>. Acesso em: 23 abr. 2022.

SODRÉ, Muniz. *Pensar nagô*. Petrópolis: Vozes, 2017.

O APRENDIZADO DA LUTA CONTRA O RACISMO QUE VI E SENTI

ALANA FRANCISCA COSTA DA SILVA

> [...] buscando um agora que possa procriar futuros [...] (LORDE, 2020)

Receber um convite da professora e escritora Sonia Rosa para escrever sobre o "Racismo que eu vejo" é, no mínimo, uma honra. Em tempos não muito distantes, no entanto, não poderia receber a honraria, devido ao infeliz fato de não ter embasamento teórico algum para fundamentar meus ditos acerca de um assunto que me afetou e que afeta, diariamente, corpos marcados pela negritude afrodiaspórica e da terra em nosso auriverde país, tão desigual porque tão racista.

Com receio de desapontar a irmã negra que subiu e me estendeu a mão com esse chamado à escrita, acho que fiquei nervosa e acabei saindo do roteiro, desenvolvendo o registro de um relato com outra temática, que contatava em vários momentos com a pauta "Racismo, nas suas diferentes formas de atuação", mas que não o atacava diretamente como proposta temática sobre a qual deveria discorrer.

Sonia, com seu olhar sensível de amiga e perícia de escritora e acadêmica, prontamente percebeu que eu fugia do tema porque talvez temesse a dor de revisitar determinadas experiências que ainda não cicatrizaram plenamente. Embora hoje já não mais sangrem as marcas de feridas que ornam meu corpo histórico, não posso negar que elas são pontos sensíveis na minha interação com o mundo, com a minha família, comigo mesma. Isso porque, independentemente de fatores sociais e econômicos que possam tornar a vida de sujeitos negros menos ou mais dura, mais ou menos confortável e feliz, não há paz para pessoas não brancas nas sociedades herdeiras do colonialismo.

Ainda hoje o ferro quente não para de marcar o corpo, o brio, a alma, o futuro de pessoas **amefricanas** como eu, como os meus alunos, como o meu filho. Espero, desta vez, abolir de minha escrita qualquer pretensão que não seja a de parar de fugir. Do tema inicialmente proposto; da realidade sociocultural dos territórios onde habito e por onde transito; de mim mesma e dos fantasmas que vez ou outra aparecem para me despertar dúvidas, temores, anseios, releituras de eventos que marcaram a minha travessia, que ampliam o meu repertório de leituras sobre o tema em questão.

O que você faria se o seu filho, única criança negra de um curso de teatro situado em área nobre da Zona Sul da cidade do Rio de Janeiro, tivesse a incumbência de se caracterizar do animal de sua preferência para interpretá-lo e, na aula seguinte, escolhesse o macaco? Meu nervosismo, disfarçado de "Por que não outro animal, como o leão ou o cachorro?", diz muito sobre o racismo que, segundo o professor Silvio Almeida, no livro *Racismo estrutural*, é sempre estrutural, já que cotidiano e normal nas diferentes relações que empreendemos em nossa sociedade.

No olhar de uma criança, ainda não acostumada com a ressignificação social racista do animal de sua escolha, com a intenção de destituir o sujeito negro de civilidade e humanidade, um macaco é (só) um macaco, ou seja, um animal relacionado a uma espécie de ludicidade afetiva cujos movimentos e guinchos encantam, sobretudo, por parecerem celebrar a liberdade de ser quem se é, a despeito da apreciação ou da depreciação do outro. Macacos, sob essa ótica, são livres e felizes. Quem não aspiraria viver dessa maneira?

E quando uma adolescente, de 17 anos, só atende quando chamada de "macaca"? Há três anos tive uma aluna muito comunicativa e dócil que, além de se reconhecer nominalmente uma primata, representava o gestual e o som "macaquês" de forma muito natural na escola onde eu trabalhava, para a "alegria" histérica, espontânea de seus colegas, por contraditório que pareça, quase todos negros. Tive a oportunidade de conversar com ela e com a turma várias vezes sobre a situação, que me incomodava sobremaneira, e de atacar pedagogicamente o que ela simbolizava, reafirmava sobre a experiência colonial que ecoa forte, até hoje, na forma de nos relacionarmos com os outros, com as instituições, diante do espelho.

Por saber que a desconstrução de narrativas e estereótipos racistas é um desafio de todos os que percebem o perigo e as consequências desastrosas de uma narrativa única, em que o ideal de vida e valor que brilha diante dos olhos do senso comum ainda é medido pela régua da branquitude, nossa escola, na ocasião, não fugiu à responsabilidade de agir, e não apenas reagir às manifestações de violência protagonizadas por quem, mesmo sem perceber, também se fazia alvo do achincalhamento da negritude não disfarçável, gritante, da colega.

Infelizmente, desde que nascemos, o Estado, as instituições, as mídias nos impõem espelhos desfocados, quando o assunto se trata de representatividade. O sequestro histórico dos feitos, das conquistas, da beleza, da imponência, da genialidade de sujeitos não brancos que poderiam servir como referência para a afirmação racial da população brasileira, majoritariamente negra, é cruel em demasia, principalmente porque direciona nosso olhar, nossa necessidade de identificação para aqueles a quem o poder hegemônico autoriza brilhar, aparecer, dizer, existir: sujeitos brancos. Representatividade negra e indígena, nesse jogo ideológico, só é conveniente se marcada, de forma redundante, pela negativa: servil, miserável, malandro, vadio, preguiçoso, feio, sem futuro, ignorante, incapaz, bandido.

Por esses motivos todos, e outros tantos que interseccionalizam e/ou acabam culminando na problemática racial, nossos alunos, ainda que de forma inconsciente, reproduziam práticas racistas como quem, para livrar a própria pele, aponta o mais vulnerável para o algoz dos seus ou, pior ainda: como quem, com as próprias mãos, aniquila os seus para dizer-se diferente deles e posicionar-se, ilusoriamente, próximo ao opressor, ao racista, ao privilegiado pela racialização dos povos da África e das

Américas no decorrer do nosso processo histórico, com o objetivo de escapar de sua mira. Com isso, o assumir-se moreno, pardo, chocolate, de cor, clarinho, mulato, sarará etc. constitui-se uma possibilidade de escape ao risco de assumir-se negro em nossa sociedade, que viveu as agruras da escravidão, ao mesmo tempo que uma armadilha alienante, uma espécie de cativeiro psicossocial e histórico que herdamos de tempos não muito distantes, para não somarmos nossas forças, nossa pluralidade de formas de existir em negritude, contra quem nos dividiu, ao "embranquecer/empardecer" a população, para continuar a nos dominar.

Nossa pequena escola experienciava, de forma metonímica, tensões latentes do lado de fora de seus domínios. Estávamos, pois, a engatinhar na sistematização da pauta antirracista, assim como nas pautas antimachistas e anti-homofóbicas. Nós, docentes, no *front* das batalhas cotidianas, pisávamos em um novo chão que se colocava diante de nossos passos a cada ação empreendida com compromisso e respeito pelas vidas de cada aluno e de cada família por eles representada. Aliás, cabe dizer que o engajamento possível, real, das famílias que atenderam ao nosso chamado foi fundamental para que encontrássemos apoio e braços fortes na comunidade onde a escola estava localizada.

Também somaram forças à luta que está longe de ter fim o próprio corpo discente, que ora reagia, ora digeria e também protagonizava, com calma, aquela reestruturação pela qual o pedagógico de nossa escola estava a passar. O ensino conteudista, ainda tão benquisto por nós, professores, abria alas para práticas docentes emancipatórias, humanizantes, anti-ismos, que objetivavam transformar, racializar nossos alunos, enquanto nos transformavam enquanto instituição, enquanto sujeitos a passarem. Como uma escola de samba na Avenida Marquês de Sapucaí em pleno Carnaval, estávamos a evoluir com o resgate de movimentos e vozes desacreditadas, ignoradas, silenciadas pela narrativa escravocrata que o nosso Estado assumiu como sua, depois de extinto o tráfico negreiro e instaurada a República. Já não éramos mais a mesma instituição, ainda que nossos esforços precisassem continuar em prol de um ambiente mais respeitoso para que a nossa aluna, até então desumanizada aos olhos de todos, pudesse estudar com dignidade e em segurança.

Na ocasião, buscamos apoio no conhecimento, nas ações, na experiência e na linguagem de várias pessoas, entre elas, duas cariocas, tal como os nossos alunos, moradoras de comunidades periféricas da nossa cidade: Elen Ferreira – mulher negra, professora da Rede Municipal de Educação do Rio de Janeiro e moradora do Morro da Providência, onde foi erguida a primeira favela do Brasil, na Região Central da cidade – e Vanessa Daya – mulher negra, educadora social e responsável pelo Projeto Ler e Saber na Comunidade, empreendido em área suburbana próxima a Madureira, no Morro do Congonha, onde mora. Ambas, inclusive, representaram, nas eleições de 2020, a luta das populações das favelas cariocas pelo acesso a direitos fundamentais e, sobretudo, pelo acesso à educação antirracista dentro e fora dos âmbitos da escola. Não foram eleitas, mas seguem firmes nas pautas que escolheram abraçar com a própria vida.

Cada uma, de forma muito particular, nos ensinou que o ponto de partida para se combater o racismo à brasileira na escola, e em qualquer lugar, é a letra da Lei 10.639, promulgada no ano de 2003 por Luís Inácio Lula da Silva, presidente do Brasil na época. De acordo com a professora Elen Ferreira, romper com a nossa ignorância docente sobre embates raciais em nossa nação seria fundamental para quem desejasse entender de que forma o racismo estruturou e consolidou o pensamento hegemônico no Brasil. Elen ainda reitera: se desejamos lutar contra algo, precisamos saber quem é o nosso inimigo, as armas que ele usa, sua forma de atuar. As ações pedagógicas empreendidas pelos (as) nossos (as) convidados (as) corriam em duas direções – capacitação docente e impactação discente – que desaguavam em um mesmo mar: descolonizar o olhar, a mente, os sentimentos e os sentidos em relação ao que significa ser negro e branco no Brasil em territórios de prestígio, híbridos e de escassez. No lar, alhures e no espaço escolar.

A cada história que a educadora Vanessa Daya levava para cruzar pedagogicamente com as nossas, a ênfase no aprendizado de que as nossas diferenças não devem nos dividir nem servir de respaldo para a dominação e a violência de uns sobre os outros. O riso zombeteiro e as ofensas raciais em relação à pretitude de nossa aluna, aos poucos, perdiam adeptos. Acredito que tenha sido duro demais para alguns de nossos alunos verem o espelhamento, na ficção, das ações que praticavam com uma espécie de orgulho ignorante e deplorável em sala de aula.

Durante a elaboração deste artigo, reli a triste e ultrajante história de Sarah Baartman: mulher sul-africana do povo khoisan que foi exibida como aberração na Europa, lugar da promessa de uma rentável vida artística, no palco, em vida e, após a morte, de sua nadificação. Por causa da escandalosa diferença da anatomia de sua genitália e de seus glúteos em relação ao corpo vestido e "normal" da mulher europeia, Sarah chegou a ser comparada inúmeras vezes com primatas. Uma parte da história de minha aluna se cruzava com a dessa mulher, que se tornou símbolo do racismo, da exploração africana pela branquitude. E o desconforto que senti diante da manifestação de meu filho em querer se caracterizar de macaco encontrou sentidos muito negativos e reais com a história das duas. Imaginá-lo sendo deslocado de sua humanidade pelo olhar, pela zombaria do outro, coincidentemente (?) branco, seria reeditar uma história horrível da qual nem sempre o livrarei.

Sarah Baartman sofreu violências simbólicas e físicas em vida e após a morte no continente dito "civilizado" desde a sua chegada. "Eu vim para te levar para casa", poema de Diana Ferrus, escritora sul-africana descendente do mesmo povo que Baartman, metaforiza e antecipa, na década de 1970, o sentimento do sul-africano de conduzir o retorno de uma conterrânea ao seu lugar de origem, o que só ocorreria anos mais tarde, em 6 de maio de 2002, exatamente dez anos antes do nascimento de meu pequeno. Meu filho nasceu no dia 6 de maio de 2012 e, felizmente, não precisou retornar ao lugar da dignidade e da humanidade de onde não precisou sair durante sua aula de teatro. Seus professores e colegas reverteram o meu medo-expectativa de que fossem racistas com ele. Aliás, já disse que foi dele a representação de macaco mais bonita que já vi? Digno de se juntar aos aspirantes à liberdade de *Os saltimbancos* e aos bichos revolucionários da narrativa de Orwell.

Pus-me a pensar no trabalho coletivo empreendido naquele ano por educadores/as que não mediram esforços para que uma aluna do meu povo, do povo de Elen e de Vanessa pudesse ser chamada novamente pelo nome. Para que essa aluna se lembrasse de quem ela era antes das violências que a fizeram esquecer de sua humanidade, do que a fazia se sentir feliz, linda e especial quando sua identidade e seu orgulho começaram a ser golpeados e a ruir; do afeto que nutria por si mesma antes de ser exposta como um animal exótico de circo, para o divertimento de um coletivo de pessoas negras se iludindo com a máscara da **branquitude**.

Nosso trabalho foi potente e bonito, sobretudo porque promoveu retornos. De reprodutores de ações racistas à humanidade. De sujeitos não brancos à negritude. Da nossa escola à escola de Paulo Freire, que acredita na transformação do mundo através da transformação dos indivíduos na e pela escola. De individualidades à pertença e, sobretudo, à causa coletiva.

Referências

ALMEIDA, Silvio. *Racismo estrutural*. São Paulo: Pólen, 2019.

LORDE, Audre. Uma ladainha pela sobrevivência. In: LORDE, Audre. *A unicórnia preta*. Tradução: Stephanie Borges. Belo Horizonte: Relicário, 2020.

PELA LENTE LATENTE DO RACISMO

ANDERSON "QUACK" LUIZ ALVES DE OLIVEIRA

Sempre saímos de casa sem saber se naquele dia sofreremos algum ato de racismo explícito, sem saber qual impacto esse ato de racismo terá em nossas vidas, sem saber como reagiremos a esse racismo e como seremos julgados por reagir. Talvez, seremos acusados de estarmos de "mi-mi-mi", ou de sermos racistas reversos, talvez de intransigentes, raivosos, antissociais.

É comum convivermos com as diferenças em nossas relações, mas isso é muito diferente de sermos obrigados a conviver com o racismo. Ninguém é obrigado a conviver com racismo, tampouco com racistas! O que era para ser óbvio, na prática, não é.

Esse fato é vivenciado apenas por quem é preto e sofre com isso diariamente, independentemente de sua classe social, nível acadêmico ou notoriedade profissional. Esse câncer social perpassa todos os aspectos da nossa vida, mas onde ele acaba ocupando mais espaço é, infelizmente, em nossa saúde mental.

Meu ingresso na universidade não foi como aluno. Na verdade, eu nunca tive planos de entrar na universidade, nunca sonhei ou achei que esse lugar era meu. Não tinha sequer, quando criança ou adolescente, esses espaços como lugares que fizessem parte do processo da nossa existência, do nosso cotidiano de pessoas pretas, pobres e faveladas como eu. Isso eu via nas famílias aonde eu ia com minha mãe que trabalhava como manicure. Aquela ideia de casa da madame. Classe média carioca da Barra da Tijuca e de Jacarepaguá.

Na minha casa não tínhamos esse exemplo nem de pai nem de mãe, olhando pelo retrovisor e buscando lá atrás; menos ainda olhando para as laterais: de tios, primos, parentes próximos, também não tivemos. O máximo que tínhamos era uma tia normalista, que já era um baita orgulho, e um tio-avô que era professor do Senai e que era uma referência para a favela.

O grande exemplo a ser seguido em casa era a garra, ter muita garra, tanto na família do meu pai quanto na família da minha mãe. O importante era conseguir tudo com a força do trabalho, e a nossa família conseguiu em alguma medida, pouco até, mas o pouco que temos foi conquistado trabalhando muito, e esse era o melhor caminho a seguir. E eu, a bem da verdade, sigo até hoje; sou um trabalhador incansável.

No entanto, estudar era imprescindível para minha mãe, ela sempre deixou isso evidente.

A questão era que o estudo estava sempre associado a um trabalho específico, braçal e que garantisse um sustento para casa. Sendo assim, fiz muitos cursos de nível técnico para conseguir um bom emprego, até porque esta, sim, sempre foi uma meta explícita lá em casa.

Lembro que tínhamos inclusive parâmetros de vizinhos que eram das Forças Armadas ou das forças auxiliares (PMs e Bombeiros), eletricistas, bombeiros hidráulicos que "ficharam" em empresas do ramo da construção civil e conseguiram certa estabilidade. Minha mãe considerava importante nessa época também fazer o curso de datilografia, por exemplo, e eu fiz. É minha base inclusive, até hoje, para escrever qualquer texto no computador.

Com o passar do tempo, minha mãe, que sempre foi uma mulher muito atenta às transformações do mundo, resolveu voltar a estudar, terminar o segundo grau (atualmente chamado de ensino médio) e se preparar para o ingresso na universidade: e ingressou. Minha mãe fez isso exatamente para que nós seguíssemos o exemplo dela. Chegamos, eu e minha mãe, para estudarmos juntos no mesmo pré-vestibular da Educafro do Frei Davi. Nós passávamos o dia estudando e, no intervalo, vendíamos bala na porta para ajudar na nossa passagem e alimentação: o curso era na Gávea, e nós morávamos na Cidade de Deus.

Na PUC, comecei a assistir às aulas como ouvinte. Foi minha primeira experiência dentro da universidade. Eu tinha os mesmos compromissos e responsabilidades que qualquer aluno, exceto que, ao final do curso, eu não receberia o diploma.

Cursando a disciplina de fotografia do curso de Desenho Industrial, com o professor Joaquim Marçal, eu obtive os mesmos ensinamentos que todos os outros alunos. Eu era o único preto em sala de aula, e isso, até o terceiro mês de aulas daquele semestre, ainda não havia sido uma questão pra mim, até o dia em que, em um fim de semana, eu tive oportunidade de tirar fotografias em um *show* que aconteceu na Vila Cruzeiro, uma favela da Zona Norte do Rio, localizada no bairro da Penha, que recebeu o projeto Conexões Urbanas.

Nesse show fotografei artistas como MV Bill, Caetano Veloso e Adriana Calcanhoto, entre outros. Eu fiquei extremamente entusiasmado, pois era um tempo muito difícil, a fotografia ainda era analógica, o que significa dizer que era tudo muito caro, desde o papel fotográfico ao filme, à câmera. Eu precisei, junto ao meu pai, viabilizar tudo isso para que pudesse fazer o curso no mesmo nível dos outros alunos, e assim o fiz.

A parte da revelação era por conta da universidade: entrávamos no laboratório e lá vivíamos momentos de pura magia vendo a imagem nascer nas nossas mãos, bem diante dos nossos olhos. Nesse tempo você só sabia se o trabalho fotográfico realizado tinha "dado bom" um ou dois dias depois do trabalho feito. Era uma angústia, imagino eu, para profissionais gabaritados. Imagine eu, começando e ainda na condição de aluno ouvinte: tinha todo um receio de tirar nota baixa e perder a oportunidade de assistir às aulas, sobretudo porque elas estavam mudando a minha vida e me trazendo outras perspectivas. Logo, a sensação das fotos saírem péssimas era horrível. E eu ficava apreensivo e sem relaxar um segundo até ver o resultado, que saía com uma prévia das 36 poses em uma única folha, com fotografias em miniatura, e ali eu decidia quais ampliaria.

Assim que as fotos ficaram prontas, corri para a sala de aula. Eu estava em êxtase, mesmo ainda não conhecendo muito de fotografia. Eu olhava de forma crítica e não via defeitos nas fotografias que escolhi ampliar, sentia fortemente que havia acertado em cheio, mas isso não me deixou muito confiante diante do professor. Entrei na sala, esperei meu nome cantar na chamada, fui lá e entreguei o trabalho. Mantive uma postura confiante por fora; por dentro, comecei a rezar para dar tudo certo. Afinal, anda "com fé [...] que a fé não costuma faiá" (GIL, 1982).

Passados uns trinta minutos de aula, o professor me chamou, dessa vez para falar do trabalho. Eu estava com o coração saltando da boca, as minhas pernas não queriam sair do lugar; não faço ideia de como estava o meu semblante, mas devia estar refletindo toda a minha apreensão. Levantei como se estivesse com uma bigorna no colo e levei um tempo que não sei calcular ao certo, porém pareceu uma eternidade para eu processar tudo junto.

E lá fui eu, caminhando lentamente e já com o peso do remorso de ter pedido para fazer essa disciplina como ouvinte. Passou um filme na minha cabeça: tive um grande receio de fazer meu pai, que era funcionário da instituição, passar a vergonha de ver o seu filho não conseguir realizar a entrega de um trabalho e ter que sair da turma. Naquele momento, eu me senti na música do Raul Seixas (Para Noia, 1975), tamanha a paranoia que vivi.

O professor Joaquim Marçal quase não olhava para a gente. Não que ele fosse indiferente, porque ele não era essa pessoa; ao contrário, era um ser humano muito afetuoso. Mas naquele momento, especificamente, era como se ele só tivesse olhos para a fotografia, ele via o mundo por ali, e eram sempre extraordinários os dias com esse professor e a sua forma de conduzir suas aulas.

Joaquim levantou minha foto, lembro como se fosse hoje, e disse:

– Turma, essa foto é um primor! Essa foto está em um nível mais elevado, nós ainda não estudamos esses contrastes. Anderson, você está de parabéns!

As pernas, eu confesso que ainda tremiam, eu não sabia o que dizer nem como reagir, se eu voltava para meu lugar na sala ou se permanecia ali extasiado com os elogios.

Eis que uma aluna fala:

– Professor, quem garante que foi ele?

Naquele momento, o mundo desabou nas minhas costas. Eu fiquei atônito e tentando entender o porquê dessa indagação.

O professor demorou alguns segundos para responder, e foi o suficiente para que várias pessoas da turma fizessem coro com ela, duvidando igualmente, com perguntas diferentes, mas que no fundo tinham o mesmo sentido.

O intuito ali era, evidentemente, que eu assumisse que, de fato, não havia realizado as fotos.

E eles chegaram a externar isso dizendo:

– Pode falar a verdade, quem te deu essas fotos?

Eu não senti vontade de chorar, o que seria o meu normal. Eu senti muita raiva e vergonha, uma vontade imensa de sair dali correndo. Mas, naquele momento, a raiva falou muito mais alto, até porque eu não tinha do que me envergonhar, o que eu queria mesmo era partir para a briga.

Um aluno, de quem eu não sei bem qual era a intenção, levantou a possibilidade de que era possível que eu fotografasse bem, ao contrário da menina que iniciou a confusão. No entanto, ele achava que o fato de eu ter tido acesso a artistas de fora da favela, como o Caetano Veloso e a Adriana Calcanhoto, pudesse ser uma viagem da minha cabeça.

Esse menino tumultuou ainda mais toda a situação, pois suas indagações acabaram acentuando o grau de racismo naquele ambiente e, consequentemente, a minha raiva. Naquele instante, eu já não tinha o menor desejo de continuar ali naquela turma, em meio àquelas pessoas.

O professor acabou com a discussão, assumiu o controle e perguntou à turma de forma retórica por que eu não poderia ter feito as fotos. Ele afirmou que, mesmo se eu estivesse mentindo – deixando claro que ele não acreditava nisso sob hipótese alguma, pois nesse caso específico eu estaria mentindo para mim mesmo –, em sua concepção, isso não faria sentido para um aluno ouvinte. Se eu fosse um aluno regular, ele até poderia considerar essa hipótese, mas que vindo de mim, um aluno ouvinte, ele não esperaria tal atitude, já que uma possível reprovação minha ou nota baixa não implicaria no fluxo de minha grade. Joaquim reiterou os parabéns, eu voltei muito pensativo para o meu lugar, e a aula seguiu.

Eu não tive imediatamente uma ideia lúcida de que se tratava de racismo; na verdade, eu não tive ideia nenhuma. Quando pensei que o meu maior problema fosse uma nota, o maior problema veio de um lugar até então inusitado para mim, no contexto do ambiente acadêmico, pois eu jamais duvidaria de alguém que apresentasse um trabalho escolar.

No ensino médio, é comum termos certa rigidez com os trabalhos escolares por parte dos pais e da própria escola. Era a minha primeira atuação acadêmica fora do contexto colegial, porém a minha postura ainda era quase a de tratar professores e professoras respeitosamente como tios e tias; eu não verbalizava isso evidentemente, mas internamente era assim que eu me sentia, no limiar da mudança natural de *status*.

Eu não tinha amigos nem amigas nessa turma; então, eu saía, no geral, sozinho da sala e sempre ia em direção à biblioteca. Nesse dia, o professor Joaquim caminhou apressadamente e até de forma engraçada para me alcançar; na verdade, naquele momento eu nem imaginei que ele estava querendo me alcançar.

Eu olhei duas vezes para trás, nos corredores de pilotis da ala Kennedy da PUC, imaginando que alguns dos colegas de classe viessem me pedir desculpas. Tal fato não aconteceu, e hoje, analisando a situação, penso que eles realmente acreditaram que não fui eu que realizei o trabalho. Essa é, além do racismo incutido na academia, uma espécie de arrogância que me incomoda na academia: pessoas que, pelo nível acadêmico ou por conta do poder aquisitivo, se julgam superiores às outras. É horrível ser olhado assim por essas pessoas.

Estava eu aguardando esse pedido de desculpas, caminhando e ao mesmo tempo olhando para trás. Foi assim que avistei que o professor estava vindo em minha direção, mas naquela circunstância eu não acreditei que fosse, de fato, para falar comigo. Eu não sabia como se comportavam os alunos e os professores universitários; eu estava apenas aprendendo a me situar em um novo lugar no mundo.

Joaquim Marçal me chamou e perguntou se eu estava com pressa e se eu aceitaria tomar um café com ele. Eu respondi que estava indo até a biblioteca, mas que não tinha pressa e poderia, sim, ir com ele. Seguimos em direção à Associação dos Funcionários da PUC (Afpuc), e isso já me fez olhar para ele de forma diferenciada, pois nem todos os professores frequentam esse lugar.

A Afpuc era quase um bar de esquina, tinha uma mesa de sinuca, e digamos que seja, até os dias atuais, um lugar de pessoas mais simples em uma universidade elitista. E lá fomos nós. Enquanto tomávamos café, o professor contou um pouco de sua trajetória e me convidou para visitar a Biblioteca Nacional, onde era o coordenador da área de iconografia. Confesso que fiquei extremamente curioso, pois ouvir o professor falar sobre iconografia, naquele momento, não me remetia a absolutamente nada. Joaquim me disse que as minhas fotos tinham muita qualidade e me estimulou a estudar mais, a não dar ouvidos a essas pessoas que ele denominou à época de invejosas e que eu devia levar a sério a fotografia.

A palavra *racismo* nunca entrou nessa conversa. Acabamos nos tornando amigos e, durante um tempo, fomos próximos.

Eu tive muita dificuldade de voltar para a sala de aula, mas consegui voltar e terminar o semestre, porém as minhas próximas fotos foram um fracasso. Eram fotos de produto e, depois de muito tempo, entendi que o fracasso estava mais relacionado à falta de estrutura de lente e de luz do que a uma ligação direta com o episódio da G1, que era a primeira prova. Minha G2, diferentemente da avaliação anterior, não foi uma referência para a turma nem para o professor, mas essa experiência serviu de muita reflexão e aprofundamento nas questões raciais dentro da própria PUC.

Consegui entregar, ao final do semestre, as fotos a Caetano e a MV Bill. Caetano adorou: modéstia à parte, as fotos estavam realmente excelentes. Bill me convidou para ser seu fotógrafo durante certo período, e isso para mim foi uma verdadeira glória. Andei de avião comercial pela primeira vez, e o próprio Bill já me orientava sobre como o racismo poderia aparecer para mim no saguão do aeroporto. Realmente ele tinha razão: chegou rápido.

Fui com o Bill a um show em que o movimento negro paulista solicitava a implementação de um feriado no dia 20 de novembro. A pauta racial, que era paralela na minha vida, ganhou mais centralidade: na verdade, ela era paralela porque a pauta da favela estava em primeiro plano, depois entendi que era tudo uma coisa só.

No ano seguinte a esse episódio, eu fundei uma companhia de teatro dentro da PUC e apresentei um espetáculo chamado *Fragmentos de um navio negreiro*. A partir daí eu passei a debater de forma contínua a temática do racismo em qualquer espaço em que eu estivesse.

A face mais cruel do racismo na minha vida se deu pela força da insegurança: eu nunca mais fui o mesmo nesse sentido. Até esse acontecimento, eu era muito seguro; a partir desse episódio, eu fiquei extremamente receoso. Obviamente isso afetou muito meu lado profissional e criativo de um modo geral. De maneira que eu sempre me questiono muito mais, me cobro muito mais e fico sempre achando que, em algum momento, alguém vai entrar e duvidar da minha capacidade, do que eu fiz e da forma como eu fiz. Isso me trouxe algumas mudanças de comportamento como, por exemplo, sempre chamar alguém para dividir comigo alguma tarefa. Mesmo que eu faça 90% da atividade laboral sozinho.

Mesmo que a minha competência seja um fato comprovado, eu ainda tenho essa enorme pulga atrás da orelha. Infelizmente, a marca do racismo ainda não saiu de mim, ainda que eu tenha 20 anos de carreira, muitos sucessos, prêmios, um nome consolidado no mercado.

Ainda me remeto aqui e ali a essa lembrança da sala de aula e penso que, se o professor Joaquim Marçal não tivesse vindo atrás de mim de forma apressada e atabalhoada, me convidando para tomar aquele café na associação dos funcionários, é muito possível que eu não existisse como o artista e profissional que hoje sou; é possível que eu sequer tivesse voltado para aquela sala de aula.

Mas eu voltei e não somente pelo Joaquim. Na verdade, eu voltei por mim, pelo meu pai, pela minha mãe, pela minha própria história, pela ancestralidade, pelos meus irmãos e irmãs que não tiveram a minha mesma chance. Eu sabia que teria que engolir o choro, e engoli. Não é tarefa fácil engolir choro sob nenhuma hipótese. Esse movimento constante de engolir choros fez parte de minha longa trajetória. Hoje não me permito mais isso.

Hoje eu consigo olhar com generosidade para minha própria história, consigo me olhar com amor, consigo me regozijar com meus trabalhos. Eu tenho orgulho de mim, mesmo que um dia o racismo tenha tentado fazer de mim uma pessoa que se envergonhasse de sua própria inteligência, criatividade, senso estético e tantos pontos importantes que me formam.

Mas que bom que isso não aconteceu, mesmo porque a força e a raiva que brotaram de mim, que na verdade já existiam em mim ancestralmente, não permitiram. Eu sei quem eu sou! Eu sou fruto da construção e da educação dos meus pais e do meu território, e foi por minha mãe que eu não me permiti cair, estou de pé até hoje e me tornei um realizador.

Referências

GIL, Gilberto. *Andar com fé*. In: GIL, Gilberto. *Um banda um*. Faixa 6, 1 LP. Rio de Janeiro: Warner, 1982.

SEIXAS, Raul. *Para Noia*. In: SEIXAS, Raul. *Novo aeon*. Lado B, Faixa 2, 1 LP. Rio de Janeiro: CBD, 1975.

CAMINHAR DE MÃOS DADAS COM A ESPERANÇA

DIEGO SANTOS FRANCISCO

> O trabalho pela vida consiste, por conseguinte, em sempre se afastar da lembrança no momento exato em que nela nos apoiamos a fim de lidar com as guinadas da vida. (MBEMBE, 2018)

Dos acontecimentos da vida adulta, sem dúvida alguma, a paternidade tem sido um dos mais desafiadores para mim. Quando eu falo sobre isso, muita gente acaba acreditando que o desafio está apenas em desempenhar tarefas comuns como trocar fraldas e lidar com o choro dos bebês, ou ainda ter de lidar com todas as desventuras em série que cuidar de uma criança inclui. Poderia até ser, não estivéssemos no Brasil, este país que nunca foi de todos. São muitas as intempéries quando se é uma pessoa preta no Brasil. E eu fui descobrindo isso desde muito cedo, quando ainda mais jovem percebi que, ainda que não estivesse explícito, o racismo faria sempre questão de se revelar nas relações mais sutis ao longo de minha história.

Eu posso dizer que sempre fui uma criança muito curiosa, atenta ao que estava ao meu redor. Eu tinha determinada agilidade para aprender coisas novas, para registrar um novo conhecimento e para compreender, com muito discernimento, o que ouvia nos telejornais a que assistia na porta de uma birosca que ficava bem ao lado da minha casa no Morro do Borel, quando a televisão de tubo da casa de minha avó queimou. Eu fui criado pela minha mãe, com a ajuda da minha avó. Duas mulheres negras, na imensidão de uma favela carioca, e minha infância se passou logo ali, nos anos 1990. Minha avó já tinha uma idade avançada e recebia sua aposentadoria; podia cuidar de mim enquanto minha mãe trabalhava como empregada doméstica. Eu conhecia o meu pai, que fazia visitas e alguns passeios comigo; ele voltaria para morar conosco alguns anos depois, após reconciliação com minha mãe.

Na minha cabeça, a melhor imagem que representa o racismo brasileiro e a forma como ele se manifesta em nosso cotidiano é a dos seguranças das lojas de departamento, nos seguindo desde o momento em que entramos até a saída. Essa sensação de estar sendo filmado por algo tão sutil e ao mesmo tempo tão violento que se manifesta nos corpos das pessoas e nos olhares. Eu sempre me movimentei na vida sabendo o que estava ao redor, os infinitos nãos que poderiam surgir, e sempre fui incentivado a ser ousado, ainda que muitas vezes essa ousadia fosse responsável por impelir pessoas racistas a tentarem me colocar em um lugar que eu sempre soube não me pertencer.

Eu estudei em uma escola de formação de professores no ensino médio, e sempre me incomodou que, sendo bastante comunicativo, esta habilidade nunca era vista como potência. Esta era a única reclamação que meus pais ouviam sobre mim na escola: "ele fala demais", "ele conversa muito". Eu ligava pouco para isso, até que falar demais foi a justificativa para que eu não fizesse parte do pelotão de bandeiras, que em sua composição contou apenas com uma estudante negra. Este episódio marcou bastante a minha compreensão sobre o que se aceita de pessoas negras ou o que se espera delas. Também não me esqueço da professora de Língua Portuguesa que sempre dizia: "Diego, você me surpreende!", todas as vezes que me devolvia uma prova corrigida.

Cotidianamente, colecionamos histórias, episódios em que o racismo se manifestou de inúmeras formas. Eu me lembro de ficar escondido no quarto de empregada da casa em que minha mãe trabalhava, em um dia que minha mãe não tinha com quem me deixar. Eu me lembro de ver uma colega de classe ser espancada por outras crianças e a professora branca fingir não ver. Quantas vezes eu fui parado pela polícia, impedido de acessar lugares, ainda que tivesse permissão para tal? Inúmeras, incontáveis. Uma vez, em uma entrevista para um estágio, em um veículo de comunicação, ousei corrigir um erro no enunciado da prova de redação. A palavra modificava o sentido da questão e não representava o fato narrado. Quando cheguei à entrevista com a possível chefe, ela fez questão de perguntar sobre o meu cabelo e por que eu o utilizava daquela forma, um pequeno *black power*. Eu disse que era o meu cabelo e que gostava dele exatamente daquele jeito; que ela não deveria perguntar sobre meu cabelo em uma entrevista e que estava sendo racista. Não fui escolhido, mas minha mãe sempre dizia que eu não devia aceitar ser humilhado, ainda que estivesse passando fome.

Cada uma dessas memórias, e inúmeras outras, vieram em avalanche quando descobri que seria pai e, mais ainda, quando ficamos sabendo que seríamos responsáveis por colaborar com a formação de um menino negro, neste país desigual. Desde o primeiro momento em que tivemos acesso à notícia, disse para mim mesmo que trabalharia para fazer ainda mais do que tinha recebido na minha formação. A resposta ao racismo que eu venho desenvolvendo em família tem a ver com proporcionar a um menino negro uma criação permeada por afeto, com sensibilidade e que seja capaz de fortalecer a identidade de uma pessoa negra que tem o direito de sentir, de se expressar e de explorar o mundo à sua volta.

Eu gostaria de não ter vivido muitas experiências que só a persistência do racismo proporciona às pessoas racializadas. Algumas delas foram, por exemplo, não ter tido a possibilidade de morar com a dignidade que se merece, de conhecer os meus antepassados não apenas de ouvir falar, ou de passar pelo ambiente escolar sendo respeitado enquanto sujeito múltiplo, potencial e humano. Faz alguns anos que descobri como o racismo não apenas moldava a realidade em que eu vivia, mas também impulsionava de maneira bastante explícita as escolhas que eu fazia, das menores até as maiores; ao fundo ou nem tão submerso assim, ele sempre estava lá, estendendo os seus olhos e braços sobre quem eu era.

Hoje (em 2021), quando olho para o Antônio, no alto de seus 2 anos, vejo que a tarefa se constrói e se completa todos os dias. Quando estamos em uma pracinha e ele é a única criança negra naquele espaço, e ainda assim pode exibir o seu cabelo grande, crespo e tão feliz quanto ele mesmo no balanço. Se completa quando percebo a brutalidade com que se tratam meninos nesse nosso mundo, mais ainda meninos negros, e vejo que, na medida do possível, todo dia é dia de abraço, beijo e "ugabuga" com o nariz. Eu fico sonhando acordado, acreditando que o Antônio ainda viverá em um país menos racista, que ele não vai ter de conviver com a morte violenta de seus vizinhos, como eu tive na infância. Sempre me questionei o porquê de ter que lidar com a morte violenta de forma tão próxima. Amigos, vizinhos, parentes... As pessoas desapareciam com uma enorme facilidade e não vivíamos uma pandemia.

Minha tarefa nesses novos tempos é falar sobre um futuro possível e trabalhar para que não apenas o meu filho, mas outras crianças negras tenham a oportunidade de viver a sua vida sendo apenas crianças, que possam desfrutar de suas famílias, de seus amigos e amigas, que vejam as suas gerações para trás e para a frente, e que possam se orgulhar de ser e apenas ser. E acredito que a vida, para ser vivida de modo antirracista, exige de nós inúmeros malabarismos e uma enorme paciência. Nós lutamos para não ter que ser fortes a todo tempo, para podermos ser frágeis, sensíveis e humanos, ainda que tentem nos colocar em outra condição. O futuro que queremos e vamos construir tem esperança, e temos nós.

Referências

MBEMBE, Achille. *Crítica da razão negra*. Tradução: Sebastião Nascimento. São Paulo: N-1, 2018. p. 260.

OLHAR NO ESPELHO E SENTIR: GRITOS DE DENÚNCIA CONTRA O ALIJAMENTO DA HUMANIDADE E A PLENITUDE DO SER NEGRO

ELEN FERREIRA

> Tampouco posso [...] escolher as frentes nas quais devo lutar contra essas forças da discriminação, onde quer que elas apareçam para me destruir. (LORDE, 2020, p. 63-65)

Acendi minhas velas no dia de Oxum e Iemanjá, pedindo tranquilidade para me permitir acessar as memórias de minha vida, que até outro dia sangravam sem esvair jamais. Nunca houve tratamento que pudesse nomear os sentimentos confusos que tomavam o meu peito e embaçavam minha visão após as violências racistas investidas contra mim, por vezes amalgamadas e tão novas, que meu fraco repertório defensório era incapaz de suportar. O racismo é uma realidade violenta (KILOMBA, 2019). As dores causadas de formas distintas, complexas e sempre reinventadas, atualizadas, contavam inclusive com o silêncio social sobre a discriminação racial sofrida por meu corpo negligenciado. A cor preta, o cabelo crespo, a silhueta rotunda, a casa sem CEP, numa viela da primeira favela – o Morro da Providência –, me inscreveram num mundo complexo e paradoxal. Tendo sido letrada de forma poliglota para reconhecer as diversas formas de violência que o sistema racista perpetra sobre mim e sobre os meus pares, bem como ensinada a reconhecer o medo como "aliado", utilizar o silêncio como forma de proteção era outra articulada punição, uma vez que ficar com nossas bocas fechadas, para nós, oriundas de tradição oral, era mais uma dor.

Inicio esta escrita com um pedido às mães das águas para que tragam alívio, fôlego e vida, para que futuramente nossas crianças possam ter as palavras, ouvidos e corações capazes de acolherem suas dores e ninarem-nas enquanto o sentir das carnes chegar, doer e sarar. Tendo o imenso desafio de transformar em linguagem o medo que nos alfabetizou o afeto, rompo com o silêncio e ofereço meu abraço através das palavras aos irmãos e irmãs, na certeza de que jamais estaremos sozinhos. Escrever é um ato político: aqui legitimo realidades que foram fantasiadas pelo colonizador ou que sequer sabidas são, e assim, "invento a nós mesmas de um modo novo, tornando-nos visíveis por nossas próprias escritas" (KILOMBA, 2019).

Que bom que você achou seu caminho!

Me forjei ponte de saberes muito cedo, aos 8 anos de idade, quando uma professora ameaçou minhas amigas de reprovação por serem alunas faltosas. Segundo ela, era preciso entender que ficar em casa "dormindo o dia todo" não era certo; por isso, sono não era motivo para faltar a escola. Eu, intimamente, respondia aos questionamentos da docente, mas sem tornar as respostas audíveis. Nossa mestra desconhecia a realidade que cada uma daquelas crianças vivia, em comum: todas lidavam com privações tão básicas à sobrevivência que a única opção de suas famílias, normalmente constituídas por irmãs e irmãos menores e uma responsável adulta – geralmente mulher, negra –, era que a criança mais velha ficasse em casa cuidando das mais novas, auxiliando nos serviços domésticos, para que a chefe de família saísse à procura do alimento para seus filhos. Tive a oportunidade de ser uma menina criada por mãe e pai, Dona Eva e Seu Nonato, trabalhadores de uma rede de supermercados no bairro do Santo Cristo, Rio de Janeiro; eu me alimentava e tinha uma casa própria, de alvenaria e telhados de amianto no alto da favela, numa localidade conhecida como "Toca". Uma laje inacabada me dava a possibilidade de ver a Ponte Rio-Niterói, o céu azul, o sol quente e, à noite, a cidade iluminada lá no pé do morro.

Meu pai dizia que estudar era importante, mas era minha mãe, mulher, quem fazia de tudo para que eu não desistisse, dando afeto e cuidados nas poucas horas que tinha ao meu lado ao estar em casa. Percebia o quanto minha família trabalhava e se esforçava para que me fosse possível estudar e estar em casa, brincando sozinha, mas em segurança, após o horário das aulas. Não era diferente com minha vizinha, que tinha a mesma idade que eu e descia para a porta de minha casa e iniciava o trabalho braçal de lavar as blusas escolares de seus cinco irmãos menores com a esperança de usá-las no dia seguinte, o que nem sempre era possível.

Quando me vi diante da ameaça de não estar com minhas amigas no ano seguinte, imaginei a tristeza que sentiriam com o nosso iminente afastamento em razão de uma possível reprovação por fatos que elas não tinham como contestar e resolver. Ali tomei a iniciativa de levar para o alto do Morro meus cadernos e compartilhá-los com minhas amigas, numa tentativa de prepará-las para as provas finais, tendo possibilidade de lograr êxito e serem aprovadas. Era afeto o que nos unia, cuidado e alegria.

Um bico de luz na laje, folhas de papel-ofício unidas por fitas adesivas montavam o quadro no qual eu apresentava o que fora ensinado no dia letivo escolar. Com o passar do tempo, as crianças foram levando os estudos como foi possível, a brincadeira continuou por mais dois anos e até apoio de adultos eu recebi, configurado em doações de materiais escolares; tudo para eu não deixar de fazer aquele conhecido "reforço escolar" capaz de animar meus pares e trazer um sentimento de pertença àquela instituição de ensino – pois no dia seguinte todas nós, crianças, amigas, estaríamos nos bancos escolares com nossas lições prontas e receberíamos aquele sorriso e afago de nossa professora.

Nunca foi desinteresse. Faltava a oportunidade de estar ali, mas o local inicial ainda era o de uma realidade dura, que desde a mais tenra idade exigia força de quem resistia através do sorriso e sentia fome de pão, fome de mundo. Em mim, crescia a vontade de me comprometer com o encantamento teatral, intelectual e pedagógico da educação que desde cedo era político, sério e objetivo. Não me dei ao luxo de experimentar outros caminhos, meus passos não pertenciam somente a mim, era preciso andar, e o passo amplo só podia ser coletivo.

Assim, ao me tornar professora da rede pública municipal na qual antes fora aluna, reconhecia, em cada uma daquelas turmas confiadas a mim, as crianças que transitavam em minha laje anos antes: felizes, com suas folhas e folias. A vontade de rir com eles sempre foi maior do que meus resmungos pela falta de organização ou pelo desalinho das filas na hora de ir para o almoço.

Em um desses anos iniciais, tive a surpresa de ser indicada para lecionar uma turma de aceleração – um tipo de correção à distorção idade/série. As crianças tinham idades entre 9 e 15 anos e estavam cursando o quarto e o quinto anos do ensino fundamental em dois semestres. Após receber a incumbência, ouvi comentários que me fizeram questionar os motivos de estar sendo escolhida para aquele lugar. Professores antigos sinalizavam que eu teria problemas porque a turma era "desinteressada", "não queria estudar", "não tinha futuro", mas que eu seria a professora capaz de dar um jeito naquela situação. Que deveria ter "pulso firme", fazê-los "andar na linha", evitar brincadeiras e ser permanentemente séria. Afinal, não eram crianças "normais", viviam em contextos familiares desajustados e que "já haviam nascido daquela forma". Por que eu, e não qualquer outra profissional, poderia atender às crianças? Será que o fato de ser uma mulher negra me torna a única responsável social por atender de maneira humanizada pessoas em situação de vulnerabilidade e risco? Por que eu deveria "dar um jeito" e me tornar a única capaz de resolver o que era tido como problema?

No primeiro dia de aula, descobri que a sala na qual passaria o resto do ano junto àquela turma entendida como "diferenciada" era, na verdade, um almoxarifado desativado. Não contava com quadro-branco, nem mesa e cadeira para que eu me sentasse. Nem janelas para circulação do vento possuía. Não tinha cor; a entrada de luz solar era através de pequenos quadrados no alto daquele ambiente. Ali eu recebi 25 crianças pobres, periféricas e favelizadas, majoritariamente negras. Com o passar dos dias, tornou-se inegável a nossa similaridade enquanto pessoas que tiveram suas infâncias atravessadas pelo racismo; me reconheci nelas, em seus olhos, peles, cabelos e histórias.

As primeiras conversas que tivemos denunciavam diálogos de subalternidade reproduzidos por adultos contra elas em diversos espaços e também nas escolas. As comparações depreciativas com seus familiares e trajetórias: "Você viverá sempre na favela mesmo!" e "Quer ser traficante cantando essas músicas?", entre outros exemplos do racismo cotidiano, marcavam um desânimo geral em seus olhares. Foram necessárias muitas estratégias para acender o sol daquelas crianças e não apagar em mim o que me nutria e fazia ter esperança no trabalho que desempenhava, muito solitário profissionalmente, mas repleto de esperança. Passei a receber em meu corredor as responsáveis por aquelas crianças: todas muito tímidas, de poucas palavras, que olhavam para mim e agradeciam pelo fato de não estarem sendo chamadas porque seus filhos e filhas seriam mais uma vez reprovados; por estarem se sentindo culpadas em razão do trabalho excessivo que as fazia ficarem distantes de casa; por estarem com medo de seus filhos se envolverem com situações perigosas na localidade porque seu ambiente residencial era inseguro, por acreditarem que a educação daria certo por seus filhos terem uma professora negra como eles eram. Ali eu aprendi a abraçar e chorar com aquelas mães que contavam as histórias que vi minhas amigas, na infância, também viverem; agora as conhecia e me reconhecia enquanto mulher, mãe solo de duas crianças gêmeas e trabalhadora que ficava longas horas fora de casa.

Aquilo que eles queriam ser ou pensavam sobre si parecia ser indizível, inapropriado, e se configurava dia após dia impossível. Suas histórias de desestímulo, desrespeito e desespero, por não encontrarem acolhimento às narrativas que queriam compartilhar, não estavam nos livros, muito menos eram pautadas em algum canto da escola. Demoramos até achar palavras para os sonhos e percebemos juntos que eles aprendiam todos os dias a dizerem mais sobre si ao conhecerem e partilharem as histórias dos seus; assim desvendavam suas vontades de amanhecer, crescer e ser professoras, professores, cabeleireiros, jogadores de futebol, cientistas; viajar pelo mundo, comprar suas casas e seguir outros sonhos que víamos não estar nos murais, nos desenhos ou em seus textos. Enquanto aquelas crianças queriam ser a realização dos sonhos delas mesmas, o restante do espaço fantasiava e esperava pelo desinteressado, fracassado, desajustado e desobediente aluno do projeto. Esperavam por aquilo que não era real enquanto esse alunado paulatinamente corria o risco de se afastar de sua identidade e suas referências, sendo alijado de sua história, do seu sentir e daquilo que poderia orientar seus passos. Foi preciso criar ali, no corredor, o espaço de escuta e perceber o que me trouxera para aquele lugar não quisto pelos demais profissionais daquela unidade de ensino. Ao passo que me reconhecia nos traços das crianças, percebia que fora também reconhecida pela branquitude como "outridade", como "diferente" dos demais profissionais, mas "igual" às crianças daquela turma (KILOMBA, 2019, p. 38-40). Ser uma professora negra e favelada, junto a crianças entendidas como incapazes e sem futuro, me fizera perceber que os discursos eram aplicados aos mesmos perfis que conflitavam com o padrão de estudantes e profissionais de educação, que vigorava naquele ambiente e que tinha por parâmetro o ser branco ou embranquecido. Essa violência, na qual o outro define o que somos a partir de seu lugar e poder social, fazendo com que nossas narrativas sejam apagadas, Fanon descreve como traumática.

> [...] eu era odiado, detestado, desprezado, não pelo vizinho da frente ou pelo primo materno, mas por toda uma raça. Estava exposto a algo irracional. Os psicanalistas dizem que não há nada de mais traumatizante para a criança do que o contato com o racional. Pessoalmente eu diria que, para um homem que só tem como arma a razão, não há nada de mais neurotizante do que o contato com o irracional. (FANON, 2008, p. 110)

Passei um ano tendo minha sala de aula inundada por uma caixa d'água que ficava sobre a sala e que, quando transbordava, molhava todo o material das crianças, destruindo nossos trabalhos e murais improvisados. Foram muitas as denúncias e, ainda assim, terminamos aquele ano no mesmo espaço. Mas não no mesmo lugar no mundo e no coração daquelas crianças e de suas famílias.

Ao fim daquele ciclo, rejeitei todos os rótulos sobre como eu deveria ser para com aquelas crianças que tinham demandas outras e, ainda assim, traziam em seu olhar o desejo de ser elas mesmas. Em mim, houve o despertar para uma formação docente crítica que não coloque a pessoa negra como a única responsável por educar a população, entendendo que não nos cabe isoladamente ficar com o trabalho pesado, braçal, nas piores condições porque acreditam que "estamos habituados ao sofrimento", por nossa vida valer menos ou porque somos frios e indiferentes por vivermos em territórios atravessados pela violência urbana. É preciso que toda a sociedade perceba não o diferente, mas aquilo que tem se consolidado como regra durante estes séculos, fazendo com que todo o restante do povo se sinta inferior por ser quem é.

É preciso que sejamos todos antirracistas, como diz Angela Davis (2016), e que saibamos reconstruir nossos passos históricos, políticos e culturais a partir da ciência sobre quem somos.

> Se eu não me definisse, seria esmagada nas fantasias de outras pessoas sobre mim e comida viva. (LORDE, 2020)

Referências

DAVIS, Angela. *Mulheres, raça e classe*. Tradução: Heci Regina Candiani. São Paulo: Boitempo, 2016.

FANON, Frantz. *Pele negra, máscaras brancas*. Tradução: Renato da Silveira. Salvador: Edufba, 2008.

KILOMBA, Grada. *Memórias da plantação*: episódios de racismo cotidiano. Tradução: Jess Oliveira. Rio de Janeiro: Cobogó, 2019.

LORDE, Audre. *Irmã outsider*. Tradução: Stephanie Borges. Belo Horizonte: Autêntica, 2019.

LORDE, Audre. *Sou sua irmã*: escritos reunidos e inéditos de Audre Lorde. Organização: Djamila Ribeiro. Tradução: Stephanie Borges. São Paulo: Ubu, 2020.

XAVIER, Giovana. *Você pode substituir mulheres negras como objeto de estudo por mulheres negras contando sua própria história*. Rio de Janeiro: Malê, 2019.

ALFORRIA NARRATIVA

JACQUELINE TORRES

É notável o aumento da presença de jovens negros nas universidades brasileiras, fato decorrente das políticas de ampliação e democratização do acesso ao ensino superior, instituídas a partir dos anos 2000, com destaque para a política de cotas. Como resultado, em 2018, estudantes negros passaram a representar a maioria (50,3%) dos alunos matriculados no ensino superior da rede pública do país (IBGE, 2019). O acesso ao ensino superior no Brasil representa a possibilidade de melhores salários e, por consequência, a concretização de sonhos antes interditos a nós, pessoas negras. Eu trilhei essa jornada de ascensão acadêmica e social, e hoje olho para esses jovens e tenho vontade de perguntar-lhes: A possibilidade material de concretizar seus sonhos é suficiente para você aproveitar suas conquistas?

É curioso porque, quando avançamos em nossa trajetória acadêmica e profissional, por vezes, quem olha de fora, acredita que nos tornamos imunes ao racismo cotidiano, em especial quando tudo isso vem acompanhado de boas condições de trabalho, moradia e lazer. Mas, ao contrário do que muitos ainda acreditam, tratar o racismo como sinônimo de desigualdade social é esvaziar seus efeitos psicológicos, efeitos de dominação do imaginário social e de formação da subjetividade de pessoas negras (NASCIMENTO, 1980).

Faz pouco tempo que associei um aspecto recorrente da minha forma de estar no mundo aos efeitos do racismo. Eu tenho muita dificuldade em me permitir parar e aproveitar a boa vida que construí para mim. Eu não conseguia entender a origem disso, busquei por muito tempo elementos somente em minha história individual, até conseguir puxar um fio que me fez compreender tudo. O fio da naturalização do lugar de servidão.

Quando puxei esse fio, conectei-me diretamente aos meus ancestrais: o que significava "parar" para uma pessoa negra em situação de escravidão? Qual a construção que predomina no imaginário de pessoas brancas sobre um negro que está à toa, curtindo a vida? Essas duas questões passaram a funcionar como uma lente que me permitiu fazer uma releitura de algumas passagens da minha história e evidenciar como essa dinâmica é uma das maiores marcas do racismo na minha convivência cotidiana.

Escolhi falar sobre como percebo o racismo em minha convivência, meu entorno, minha vida, a partir de reflexões sobre seus impactos em minha subjetividade. Mais do que colocar foco em comportamentos racistas evidenciados pela forma como as pessoas lidam comigo, quero aqui lançar luz sobre a forma como a dinâmica escravista segue nos sujeitando, a partir de prisões mentais. Vai ficar mais nítido como esse lugar de servidão se manifesta, de forma muitas vezes difusa e evasiva, em algumas passagens que contarei a seguir.

Prontidão para atender demandas externas em detrimento das próprias

Em junho de 2010, eu estava no primeiro ano do doutorado. Desenvolvera um projeto para estudar uma intervenção para a redução de cesarianas em hospitais privados, assunto socialmente relevante, tendo em vista que o percentual de cesarianas no Brasil, em especial nos planos de saúde, alcança proporções de epidemia, chegando em alguns casos a ultrapassar 85% dos partos (Agência Nacional de Saúde Suplementar, 2023). Trata-se de um problema de saúde pública, com prejuízos enormes para mulheres e bebês. Meu trabalho, em uma autarquia do Ministério da Saúde, tinha como objetivo encontrar uma solução para este problema, e por isso tomei a decisão de estudá-lo. Solicitei uma licença sem vencimentos, para poder me dedicar integralmente à elaboração da minha tese. Pela relevância do tema, a licença foi concedida.

Eu amo estudar. Cuidar de mulheres é minha missão nesse mundo. Receber integralmente meu salário para passar o dia estudando era algo extraordinário, um sonho que parecia impossível. Lembro-me da euforia do dia em que a portaria foi publicada com meu nome, sei exatamente onde estava, a roupa que estava vestindo, as pessoas com quem falei primeiro, tamanha a minha alegria. Era verdade: eu ficaria três anos e dez meses recebendo meu salário somente para estudar, sem precisar trabalhar. O sonho agora era real, mas eu não dei conta de aproveitá-lo integralmente.

Logo nas primeiras semanas, sentia-me estranha ao organizar meu horário de estudo de modo conveniente para mim. Sabia que era um pensamento irracional seguir a mesma rotina que eu tinha no trabalho, já que a única exigência para a licença era que, ao final do período, eu entregasse minha tese concluída. Mesmo assim, sentia uma espécie de vergonha e culpa ao ir, por exemplo, me exercitar às dez horas da manhã. Era como se eu estivesse cometendo algum crime, ficava sempre pensando: "Será que alguém vai me ver indo à academia nesse horário?"

Não demorou muito e comecei a aceitar trabalhos, trabalhos voluntários, mas de extrema responsabilidade, que me obrigavam a viajar e a usar o tempo que dedicaria somente à elaboração da tese para atender demandas externas, que não eram prioridades para mim. Estava ali, superocupada, justificando para mim mesma que o trabalho que eu estava fazendo era necessário, que eu deveria fazer, mas a verdade é que aquele lugar de mulher negra sendo paga somente para fazer um trabalho intelectual era estranho para mim, eu estava reproduzindo o senso comum, de que devemos estar sempre ocupadas, servindo aos outros: e assim eu fiz.

O tempo do doutorado transcorreu. Fui aprovada para uma bolsa de doutorado sanduíche, o que me possibilitou desenvolver parte de minha tese no exterior. O destino oficial escolhido era a Universidade Nova de Lisboa, porém, mais uma vez, achei que precisaria fazer mais. Assim, em nove meses, passei por três experiências acadêmicas em três países e instituições diferentes. Foram três meses no King's College em Londres, seis meses em Lisboa e 15 dias fazendo um estágio para pós-graduandos na ONU, em Genebra. Essa experiência foi rica e demonstra que eu soube aproveitar bem algumas oportunidades que surgiram, mas foi também motivada por essa sensação de estar em dívida, de que eu precisava fazer mais. Com isso, foram meses muito estressantes. Poderia ter viajado mais, aproveitado mais aquele período, mas padrões racistas introjetados não me permitiram.

Protagonismo x lugar de servidão

Um apelido que ganhei em uma fase da minha vida profissional era "Se-se" uma abreviação de "se sente". Mulheres pretas que se destacam profissionalmente em ambientes majoritariamente brancos incomodam. De uma forma ou de outra, aquela estrutura se ocupa de colocar essa mulher no lugar que lhe foi historicamente determinado: o lugar de servidão. Por mais que uma mulher negra assuma cargos mais altos, ou obtenha maior nível de escolaridade, são comuns situações que a colocam numa posição de desvantagem em relação a outras pessoas brancas no mesmo cargo ou até em posição inferior.

Experimentei isso de diversas maneiras ao longo dos meus 20 anos de profissão. Situações como ser designada para representações institucionais de grande responsabilidade, para as quais havia pessoas com posição e salários maiores do que o meu, que deveriam ir, mas não eram solicitadas. Viajar proporcionalmente muito mais que outros colegas no mesmo cargo, desempenhar papel de gestão sem receber por isso e, mesmo me manifestando contrariamente, seguir recebendo as mesmas demandas. Na conta bancária, meu salário era o mesmo dos meus colegas, mas, proporcionalmente, em horas e nível de responsabilidade, eu trabalhava muito mais.

Em algum momento comecei a olhar para essas passagens da minha vida e me perguntar: qual seria a probabilidade de um homem branco vivenciar uma situação semelhante a essas? Quantos você conhece na mesma situação? Mais do que trabalhar com hipóteses, eu passei a observar os fatos. O que ficava evidente era a inexistência de homens brancos passando pelas mesmas situações que eu naquele contexto. Conscientemente, eu sabia que aquilo estava errado, mas não rompia com aquele ciclo, embora pudesse. Seguia trabalhando como gestora sem receber por isso, seguia trabalhando voluntariamente em projetos grandiosos, escrevendo textos contemplados com financiamentos milionários, sem contrapartida à altura, seguia atendendo a convites para falar e escrever, pesquisar assuntos que só beneficiavam a quem me pedia; muitos elogios e reconhecimento no âmbito privado, mas sem receber o reconhecimento público adequado. Com isso, validei por muito tempo aquele lugar de exploração. Com isso, também, abri mão de usufruir as conquistas que fui obtendo pelo caminho, pois o tempo que poderia estar usando para aproveitar os frutos de minha trajetória era tomado por demandas externas. No lugar do bem-viver, a exaustão.

Tomei consciência desses aspectos, que trago aqui, ainda enquanto vivenciava muitas dessas situações. Em muitos momentos tentei de diversas formas romper com esse padrão, abri mão de cargos, explicitei tratamentos desiguais, cobrei mudanças de postura, mas esbarrava sempre em muros gigantescos, praticamente intransponíveis, fazendo com que, no fim das contas, o problema sempre permanecesse ali e eu seguisse trabalhando mais do que os outros, a despeito de formação acadêmica ou posição na carreira.

Por muito tempo achei que o problema era somente meu, eu é que "gostava de trabalhar", que "era controladora", que "não dava espaço para as outras pessoas participarem dos meus projetos". Ouvi muitos desses *feedbacks*: o problema era meu e somente meu. Mas mesmo refletindo sobre essas questões, procurando objetivamente modificar aquilo que estava sob minha governabilidade, as dinâmicas relacionais mantinham-se inalteradas. De um modo ou de outro, por mais protagonismo que eu alcançasse em determinados contextos, eu permanecia sempre, de alguma forma, em um lugar servil.

O que não se discutia era o lugar de privilégio da branquitude nessas dinâmicas em que há uma mulher negra que dá conta de tudo. Fala-se muito de racismo estrutural, mas, nas dinâmicas das relações cotidianas, o racismo segue sendo um problema do Outro, o negro, ou até mesmo de outros brancos. Cala-se sobre uma dinâmica relacional que confere privilégios aos brancos em todas as dimensões onde existam relações entre negros e brancos (CARONE; BENTO, 2014).

Alforria narrativa

O nascimento do meu filho foi um impulsionador da minha ruptura com esse lugar de servidão. Ao me tornar mãe de um menino negro, no Rio de Janeiro, fui mobilizada a fortalecer minha identidade como mulher negra, para que assim também pudesse fortalecer a identidade dele. Passei a olhar para tudo isso de modo mais crítico e racializado, fui em busca de referências, de pensadoras e pensadores negros, aos quais não tive acesso durante os longos anos de minha formação acadêmica. Passei a rever as dinâmicas raciais na minha própria história.

Isso me levou a um processo que tenho chamado de alforria narrativa. Observar modos de expressão da minha subjetividade, até então carregadas de uma dimensão puramente individual, a partir de uma perspectiva coletiva, que considera também os efeitos da vivência cotidiana do racismo em toda essa expressão. Olhar dessa forma para minha história me permite ressignificá-la e escolher intencionalmente o que quero que permaneça e o que não cabe mais.

Esse processo está em curso e tem me levado a mudanças profundas e radicais. A principal delas é a escolha de oferecer o meu melhor para o meu povo. Pedi licença sem vencimentos do meu emprego público para, no momento em que escrevo esse texto, me dedicar a dirigir um projeto para a redução de mortalidade materna em Moçambique, trabalhando a maior parte do tempo com pessoas negras e empregando o conhecimento que venho adquirindo em tantos anos de estudo, pesquisa e gestão para a solução de problemas no continente africano.

Em paralelo, tenho me dedicado a compartilhar minha experiência vivida com outras lideranças negras, criando espaços de partilha, pertencimento e elaboração de saberes de resistência que nos permitam lidar melhor com situações semelhantes às que narrei aqui.

Outra mudança significativa é minha reconexão com minha espiritualidade. Minha trajetória acadêmica contribuiu para meu afastamento quase que completo de minha conexão com o sagrado, com os mistérios da vida, assim como levou também a uma desvalorização das minhas sensações, da minha intuição, do que meu corpo me diz, a favor de uma supervalorização da razão. Mas o racismo atravessa nossa subjetividade por meio de nossos corpos. Nesse processo de alforria narrativa, venho ressignificando minha relação com meu corpo, minhas experiências e, também através do corpo, ressignificando minha história.

Somos o ventre primordial, trazemos toda a potência de criação dos primeiros humanos em nosso DNA. Esse poder desperta interesses que nos colocam em armadilhas do lugar de servidão. Mas podemos despertar, usar essa imagem para fortalecimento de nosso poder pessoal, para processos de autodefinição e emancipação. Processos que nos possibilitem colocar nossa capacidade criativa a serviço da construção de legados que contribuam para o bem-viver nosso, de nossas famílias, de nossa comunidade.

Saravá!

Referências

Agência Nacional de Saúde Suplementar. *Taxas de partos cesáreos por operadora de plano de saúde*. Disponível em: <https://www.gov.br/ans/pt-br/assuntos/informacoes-e-avaliacoes-de-operadoras/taxas-de-partos-cesareos-por-operadora-de-plano-de-saude>. Acesso em: 21 dez. 2023.

CARONE, Iray; BENTO, Maria Aparecida Silva (org.). *Psicologia social do racismo*: estudos sobre branquitude e branqueamento no Brasil, 6. ed. Petrópolis: Vozes, 2014.

IBGE. *Desigualdades sociais por cor ou raça no Brasil*. Estudos e pesquisas: informação demográfica e socioeconômica, n. 41. Rio de Janeiro: IBGE, 2019.

NASCIMENTO, Abdias. *O quilombismo*. Petrópolis: Vozes, 1980.

USAR FIO DE CONTAS É FEIO?

KEMLA BAPTISTA

Nasci em uma família que sempre teve entendimento sobre as tensões raciais no Brasil e em outros países. Então, por isso mesmo, na minha mente de criança, "o tal racismo" aparecia como um daqueles monstros dos desenhos animados a que eu assistia ou das histórias que eu ouvia. Saberia eu me defender dele? Eu não tinha a menor ideia. Mas pensando na história da minha vida, na construção da minha identidade, relembro a importância das referências que tinha em casa e como tudo isto fez com que eu desejasse muito vencer esse "tal monstro".

Eu sou uma contadora de histórias. Arrisco-me a afirmar que sou verdadeiramente uma caçadora de histórias. Afinal, o direito de conhecer nossas histórias nos foi tirado e, talvez por isso mesmo, eu senti essa necessidade tão grande, tão imensa de ir ao encontro delas para contá-las. Por isso, nasceu a iniciativa chamada "Caçando Estórias", que, no momento em escrevo este texto, chega ao seu décimo segundo ano de existência. Caçar histórias representa, num ponto de vista metafórico, a busca das memórias que compõem um repertório baseado em contos narrados há gerações pelo povo preto do Brasil. Em tempos antigos na África, a figura da caçadora e do caçador chamava para si funções sociais, políticas, culturais e religiosas. Além de desempenhar um papel como desbravadores, cabia também a estes personagens defender o grupo, protegendo-o em todos os sentidos, fomentando seu sustento e garantindo a sua integridade. Os caçadores eram ainda médicos, "mágicos", verdadeiros entes divinos que sabiam que, da relação de sua comunidade com os ancestrais, dependia a sua permanência no mundo. Assim, caçar histórias é uma exaltação da "palavra que corre de boca em boca", das inteligências das crianças, da sabedoria dos mestres de cultura popular, sacerdotes e sacerdotisas de religiões de matriz africana e dos saberes das ruas, unindo a tradição oral à literatura.

Através desta iniciativa, convivendo com as crianças, que por essência também são verdadeiras desbravadoras e agentes criadoras de arte, eu aprendo constantemente. Dessas convivências eu guardo muitas histórias. Umas muito divertidas. Inclusive, às vezes, me pego sorrindo sozinha entre minhas recordações das rodas de contos em comunidades tradicionais de terreiro do Rio de Janeiro e de Pernambuco. Contudo, há histórias que nem sempre despertam sorrisos. É aí que aquele "monstro racismo" da minha infância volta para a nossa história de hoje.

Eu havia acabado de fazer uma apresentação contando histórias em uma comunidade tradicional de terreiro na

Zona Norte do Rio de Janeiro. Nessa época eu era ekedi – equede, ajoiê ou makota: estes são os nomes dados, de acordo com a nação do candomblé, para um cargo sacerdotal feminino de grande relevância, que tem como função zelar, acompanhar, dançar e cuidar do terreiro e do orixá, sendo escolhida e confirmada pelo orixá do terreiro de candomblé. Eu ainda não era mãe, as minhas dinâmicas de vida eram bem diferentes, e assim eu conseguia realizar temporadas longas com diversas atividades nos terreiros. Dessa maneira, construí afinidades com todas e todos, mas especialmente com as crianças. Provavelmente por conta desta afinidade, e – por que não dizer – até mesmo confiança, foi que eu ouvi de duas meninas, que naquela época tinham cinco anos, irmãs gêmeas iniciadas para orixá, uma história que até hoje não saiu da minha cabeça.

Elas, como sempre muito interessadas, participaram da sessão de histórias e do ateliê criativo que eu realizava após cada apresentação de narrativas africanas de origem iorubá. Eu contava *ìtàn òrìṣà* (história de orixá) e, além disso, sempre levava livros de literatura infantil e infantojuvenil dentro de uma mala. As crianças, os jovens e os adultos dos terreiros adoravam aquela oportunidade de viver uma experiência leitora, em que podiam conhecer livros que apresentam personagens pretas e pretos em situação de protagonismo positivo. As duas irmãs ouviram atentamente a história, interagiram, mas, no final de tudo, eu percebi o princípio de uma discussão entre as duas. Fui até elas tentar entender o motivo daquela situação.

A questão foi que uma das crianças estava com vontade de falar comigo sobre um fato ocorrido e a outra sentia vergonha de que a irmã me fizesse a seguinte pergunta:

– Ô ekedi Kemla! É muito feio usar os fios de contas? É que um dia, na minha escola, falaram que era feio no dia em que eu e minha irmã fomos pra lá usando.

Quando eu ouvi aquilo, respirei fundo e respondi afirmando que usar o fio de contas é uma coisa maravilhosa, que não são todas as pessoas que têm a oportunidade de carregar consigo as joias que representam seus orixás de proteção. Continuei dizendo que elas não podiam sentir vergonha ou medo de usar quando tivessem vontade ou necessidade.

Elas ouviram e, provavelmente mais relaxadas, contaram toda a situação com mais detalhes. Disseram que elas começaram a ouvir isso quando precisaram voltar às aulas depois de um período de recolhimento religioso. Elas precisavam, naquele momento, estar vestindo roupas brancas, com a cabeça coberta por um torço branco e usando suas joias ancestrais. Os detalhes da história eram de cortar o coração. Uma delas chorou quando disseram que ela seria maluca por estar na escola daquele jeito. Uma das irmãs queria brigar com o colega ao ver a irmã triste daquele jeito. Tudo isto acontecia com duas meninas pretas, em uma escola que não estava preparada para acolher a diversidade étnico-cultural e religiosa.

Elas diziam pra mim, me abraçando bem apertadinho:

– Ekedi, nem eu nem minha irmã somos malucas, né? Nanã mora aqui em mim. Omolu mora ali na minha irmã. Eu sinto! Eu sei! Eu falei isso pra eles!

Abracei aquelas meninas, o mais forte que conseguia, como quem quer dizer que vai ficar tudo bem, mas no fundo do meu coração eu sabia que aquela talvez fosse a primeira de muitas histórias de racismo e de racismo religioso que aquelas pequenas viveriam ao longo da vida. Orientei que não brigassem na escola, que buscassem ajuda da professora e dos seus pais pra resolver aquilo da melhor forma. Mas, novamente, elas disseram que na escola não resolvia. Conversando com a mãe das crianças, senti nos olhos dela a tristeza ao saber que suas filhas viviam aquilo em silêncio. E mais: que o racismo silenciava aquela potência, aquela alegria que só as crianças em um processo positivo de construção da sua identidade sentem.

Me pergunto: como pode ser considerado aceitável crianças de cinco anos terem que provar que não perderam a sanidade mental, apenas por serem iniciadas para orixá? Como educadora que sou, me questiono sobre o papel da escola na manutenção dessas formas de opressão. A escola brasileira precisa urgentemente aprender sobre diálogo, sobre as epistemologias pretas, sobre os saberes diversos que vêm das comunidades tradicionais de terreiro. Muito se discute hoje sobre a intolerância religiosa. A intolerância normalmente incide sobre a crença. Contudo, o que temos no Brasil em relação às tradições de matriz africana é muito específico. É um projeto de poder. O racismo religioso não tolera existências. Ele fomenta o ódio desde a infância e até mata. Nossos sistemas de crenças negros, aos olhos dos racistas religiosos, são uma violação. O simples ato de existir e marcar a diferença é uma violação que se fortalece por meio da força semântica do já conhecido binarismo Deus *versus* Demônio. O racismo religioso é marcado pela necessidade da existência de uma crença única, e esta crença se fortalece também por meio dele porque cria um demônio com vistas à oferta do salvador.

E a escola: vai continuar permitindo a demonização de crianças? Espero que não!

ENTRE O VISÍVEL, O INVISÍVEL E O INDIZÍVEL NAS ESTRUTURAS DO RACISMO

LUIS ARAÚJO

Quando ouvi pela primeira vez a pergunta que foi apresentada como disparadora desta reflexão – "Como eu percebo o racismo estrutural no meu cotidiano?" –, fui levado automaticamente para vários momentos da minha vida.

Acredito que qualquer pessoa negra que tente responder a essa questão faça uma viagem parecida. E creio também que, como no meu caso, esse regresso às memórias geralmente nos confronta com situações em que é possível identificar a presença de algo que só neste retrospecto parece se revelar.

Me peguei revendo inúmeras situações em que vivi o racismo estrutural sem perceber o que estava acontecendo. Pensei em vários "não" que recebi e diversos outros "sim" também. Fiquei me perguntando se ali, atrás dessas três letras, não estava escondido um "Não quero meu filho andando com um negro", "Pra você, não, neguinho" e "Negro é bem-dotado, né?! Chega mais" ou "Tadinho, ele é negro! Pode sim". Essa reflexão me leva a cogitar que minha demora em entender a violência, camuflada em diversos momentos da minha vida, se deu justamente pelo fato de não ser possível perceber o racismo estrutural a todo momento. E isso soa tão controverso, principalmente porque a ideia de um racismo que é "estrutural" pressupõe algo grandioso, que nos atravessa. Como é possível não "enxergar" algo dessa magnitude?

Quando cheguei a esse paradoxo, tentei resgatar as coisas que havia aprendido ao longo da vida sobre "estruturas". Sendo um arquiteto, fui treinado para entender as estruturas como coisas materiais e palpáveis, *grosso modo*, um conjunto de elementos que se integram em um "sistema" para garantir a estabilidade de um edifício. Então me perguntei: "Será que eu poderia pensar no racismo como uma construção?"

Recomecei deste ponto aquela viagem que citei no início, mas agora entendendo que as minhas memórias eram cômodos, ou andares, de um edifício que já estava pronto antes de eu nascer. Me vi vagando por espaços labirínticos, que por vezes me desorientaram; em outros pontos tive que me esgueirar por entre rachaduras que permitiram transpassar paredes mais grossas; em determinados momentos eu mesmo estava raspando os muros com as unhas, para abrir uma fissura e poder seguir. Mas houve alguns espaços estranhos nessa exploração. Me vi em determinados lugares onde minha passagem se deu de forma plena, mesmo quando todo o cenário era caótico. Pensei que aí poderia haver algo que me ajudasse. Resolvi passar com mais calma por um desses cômodos.

Quando eu completei 17 anos, decidi que queria prestar vestibular e ingressar em uma universidade. Sendo filho de mãe solteira, empregada doméstica, negra e morando em uma cidade pequena no sul do país, minhas expectativas do que poderia ser essa vida acadêmica eram muito restritas. O ensino público, para além do que já havia cursado, era algo que nem estava nos meus horizontes. Por outro lado, a universidade particular era sinônimo de um investimento financeiro que não fazia parte da minha realidade. Tudo se tornou ainda mais complexo quando levei até minha mãe o desejo de cursar Arquitetura e Urbanismo. Espantada com esta escolha, a resposta foi um imediato: "Você precisa dar um passo do tamanho da sua perna." A questão é que, naquela época, eu e minha mãe desconhecíamos qual era o tamanho real das minhas pernas. Mal sabíamos que elas eram tão grandes quanto as minhas ambições e que eu tinha o poder de fazê-las crescerem até alcançar o impossível, caso fosse necessário. E de fato foi.

Em 2009 consegui ingressar em uma universidade particular. Meu sonho de cursar Arquitetura e Urbanismo seria viável graças a uma bolsa integral destinada a alunos negros no Programa Universidade para Todos, o ProUni. Na época, eu não fazia ideia do que significava ocupar esse lugar de cotista. E por muito tempo não soube, mesmo depois da graduação. A única coisa que eu tinha em mente era a responsabilidade do que havia conquistado através dos esforços de muitos, inclusive dos que chegaram antes de mim.

No momento em que um negro, ou negra, tenta restituir sua humanidade, na nossa sociedade racista, inúmeros perigos começam a surgir. Quando os filhos, ou filhas, das empregadas domésticas sentam na cadeira da universidade, ao lado dos que poderiam ser os donos, ou donas, das casas que estavam sendo cuidadas pelas mães desses jovens, uma maquinaria pesada surge para resolver esse problema.

Mas, naquele momento em que eu finalmente estava ocupando aquele espaço, vivendo longe da casa da minha mãe, sem emprego, sem perspectiva de estabilidade financeira, me alimentando unicamente do sonho de terminar minha graduação, eu não pensava em todas essas coisas. Eu tinha monstros na barriga que precisavam ser calados, havia fantasmas na minha mente que eu tinha que espantar, névoas sobre meus olhos que deveriam ser dissipadas, caso contrário eu não poderia ir em frente. O que mais importava para mim era vencer todos os desafios; a natureza dos obstáculos que irrompiam a todo momento me preocupava pouco.

Conforme os anos foram passando, e cada semestre ia chegando ao fim, a realização do meu objetivo ia se aproximando. Nessa trajetória, muitas pessoas incríveis passaram pelo meu caminho, sem as quais eu não teria conseguido sobreviver em diversos momentos. Vejo agora que, quanto mais perto eu chegava de alcançar o que significava o início de uma nova vida para mim, maiores eram os muros que eu precisava ultrapassar.

Lembro que um certo dia arranjei um emprego que parecia mais adequado às minhas escolhas, entre diversos outros que tive que aceitar por conta das necessidades.

A oportunidade em questão era trabalhar em uma loja de móveis planejados e decoração. Inicialmente, a figura de um "quase arquiteto" no refinado estabelecimento era sinônimo de qualidade para os projetos, além de um trunfo que frequentemente era mobilizado como forma de passar credibilidade para as escolhas/sugestões que os vendedores faziam aos clientes na loja. Em suma, era uma existência simbólica também. Um artifício a mais que poderia brilhar aos olhos dos que buscavam o luxo e a sofisticação que o lugar queria emular. Me vi, então, um objeto em meio a outros objetos, entre os inúmeros lustres de cristal, sofás de veludo e tapetes felpudos. A equipe de vendedoras era basicamente formada por mulheres jovens, com as quais eu estabelecia uma relação direta e amigável, principalmente pelo fato de que a figura simbólica do "quase arquiteto" era muito mobilizada. Um dia eu soube que, entre elas, havia uma que sonhava em ser arquiteta também, porém a vida mudou o seu caminho para outra direção, mas isso ainda gerava nela certa frustração. Em uma conversa, numa das pausas entre uma onda de trabalho e outra, ela me disse em tom de piada que as suas vendas estavam sendo prejudicadas.

Então, inocentemente, perguntei qual era a razão, e foi então que ela me disse:

"Quando as pessoas perguntam se temos arquiteto na equipe, tenho até vergonha de apontar para a mesa e a pessoa ver você lá sentado." Todos rimos, e a conversa acabou. Demorei muito tempo para entender o que essa frase significava. Meu desempenho no trabalho era muito bom, sempre realizando boas entregas, alcançando ótimos resultados...

Não fiquei muito tempo neste emprego depois desse episódio. Tive a felicidade de encontrar algo mais adequado aos meus anseios e parti. Já estava quase me formando e desafios maiores já me chamavam. Quando finalmente chegou o dia da formatura, fiquei muito emocionado com tudo. As escolhas para a formatura – fotografia, roupas, convites, decorações – não estavam adequadas à minha disponibilidade financeira, acabei comprando ingressos e indo como convidado na festa de formatura da minha própria turma. Reconhecidamente fui homenageado como todo o grupo de formandos na festa e pude celebrar a dificuldade e a alegria que a minha escolha havia me proporcionado. Algum tempo depois, olhando as fotos da formatura, é que eu me dei conta de um fato muito significativo, mas que até então não havia passado pela minha cabeça. Eu era o único formando negro entre as duas turmas de arquitetos que se formaram em 2014 na universidade em que estudei.

Olhando agora com uma certa distância para este edifício que percorri a partir das minhas memórias, consigo afirmar que o racismo estrutural sempre esteve presente em todos os momentos da minha vida, até naqueles em que eu não pude percebê-lo.

Hoje consigo entender o que significam os sons que os monstros faziam na minha barriga, ou o que era a vergonha que a minha colega de trabalho sentia de mim, ou o motivo de eu ser o único formando negro no meu curso de graduação.

Essa talvez seja uma das principais características do racismo estrutural.

Como disse no início, eu fui treinado para entender as estruturas como parte do que deixa um edifício em pé. E, como tal, as estruturas têm, *grosso modo*, dois tipos: as infraestruturas e as superestruturas. Seguindo o percurso de explicação mais simples, podemos dizer que a infraestrutura é tudo que fica embaixo da terra, mas é essencial para segurar a superestrutura, que está em cima. As fundações de uma construção não são perceptíveis, mas, sem a sua presença, tudo que está na parte de cima cai.

Penso que o racismo estrutural também possui essa característica. Mesmo quando não podemos ver, tocar, sentir ou cheirar, ele está presente como infraestrutura. Nas situações em que ele não rompe a barreira do visível, mas continua existindo como suporte para as relações, sua presença como infraestrutura é fundamental.

Muitas das ações que sustentam este edifício acontecem abaixo do solo, em uma dimensão que não podemos acessar. Quando os pilares são construídos nessas bases, já temos contato com um elemento totalmente solidificado, cristalizado, cimentado e ancorado em uma fundação que se torna mais profunda a cada transformação que ocorre na superfície. E, com o passar do tempo, mais ambientes vão sendo criados, novos andares vão nascendo. As formas do edifício vão mudando, acompanhando as necessidades e as demandas dos que buscam a manutenção dessas estruturas de poder. O que antes era uma casa-grande, vira um arranha-céu de vidro espelhado. Mudam as aparências na superfície, mas as fundações continuam as mesmas.

Essa não é uma compreensão marxista do fenômeno do racismo, dado o uso das ideias de infraestrutura e superestrutura para a compreensão da nossa realidade.

Nem é a tentativa de fundar nada ou de aprofundar qualquer questão. Antes de qualquer coisa, é a forma como um homem negro sente e organiza mentalmente diversas experiências que teve ao longo da sua breve vida. É uma tentativa de articulação entre memória, afeto e subjetividade. Articular tudo isso em palavras, usar a escrita como forma de expressão de experiências que até então foram silenciadas, é parte de uma possível transformação do que significa ser uma pessoa negra na nossa sociedade racialmente estruturada. Estas palavras se unem com várias outras, se combinam com inúmeras ações, diversos pensamentos, rabiscos, desenhos, danças, cantos e sentimentos, na tentativa de construção de um novo mundo, que não precise mais se sustentar sobre o corpo e a vida de pessoas desumanizadas.

Retorno, por fim, ao paradoxo inicial e à contradição que pontuei sobre a não percepção do racismo, mesmo quando este possui dimensões estruturais.

Repassando estes momentos da minha vida em que me demorei aqui, e muitos outros que não entraram nesta escrita, me arrisco a dizer que, em muitas conformações racistas, o caráter invisível dessa estrutura é, antes de tudo, proposital. E talvez este seja o alvo mais difícil de ser atacado, por estar tão entranhado em nossas relações, em uma dimensão quase subcutânea dos corpos.

O RACISMO NA MINHA VIDA

ROBERTO DE OLIVEIRA SILVA (EDDI MC)

> [...] ainda era criança, meu pai me falou: só tem valor nessa vida quem um dia estudou. Mas essa história de meu pai foi mal contada, pois cresci e percebi que a coisa estava mudada. Notei que a pobreza e a discriminação abalavam muita gente, principalmente o negão [...] (NOCAUTE, 1996, faixa 1: Somos de Bel)

Meu nome é Roberto de Oliveira Silva. Sou negro e tenho 48 anos de idade no momento desta escrita, em que tentarei contar como eu percebo o racismo ao meu redor.

Sou pai de dois rapazes e de uma menina. Luther tem 23, João, 14, e Rita tem 7 anos, e todos se identificam como negros. Cursei jornalismo e me formei no ano de 2008. Na época, era estagiário do Canal Futura, um canal de TV fechada com foco em educação e transformação social. Após o estágio, fui admitido como repórter, editor de texto e, durante algum tempo, apresentador de dois programas: *Jornal Futura* e *Conexão Futura*. Era bom representar nossa etnia na TV, pois, tanto no Futura quanto nos outros canais de televisão onde trabalhei, havia poucos negros.

Nasci em Belford Roxo, cidade que fica no estado do Rio de Janeiro, na região metropolitana conhecida como Baixada Fluminense. Estudei a partir da 3ª série numa escola particular e nela me ensinaram que as cidades da Baixada Fluminense eram chamadas de "cidades-dormitório", pois os trabalhadores que iam fornecer sua mão de obra na capital acordavam cedo e chegavam do trabalho tarde, quase na hora de dormir para acordar cedo no outro dia. Eu me lembro da história de um técnico de informática que morava em Paracambi e me contou que só via o filho acordado nos fins de semana, pois, quando saía, a criança ainda estava dormindo, e quando chegava do trabalho, o filho já estava dormindo.

Anos depois, quando ainda estudava na mesma escola, um colega de pele clara, com características miscigenadas, me fez um pseudoelogio: "Neguinho, você nem parece preto. É um preto de alma branca!" Fiquei espantado com aquele tipo de tratamento. Era bom ou não ser preto? Era bom ter a alma branca e a pele preta? Fiquei sem entender na época e não reagi.

Em uma comemoração do Dia das Mães, um colega, "brincando" com a turma, disse que minha mãe, nas palavras dele "a mãe macaca", entraria na festa pulando pela janela. Isso com, no máximo, 10, 12 anos de idade.

No ambiente de casa, eu era o Beto. Uma das poucas lembranças que tenho de conversas sobre racismo com meus pais é de um deles dizendo que nós, negros, tínhamos que ser duas vezes melhores do que os outros. Na verdade, eu não entendia o porquê daquela frase "solta", uma vez que não tínhamos o hábito de debater, nem as ferramentas para combater o racismo presente em nosso cotidiano. Mesmo assim, as questões raciais aparecem, e, na rua, a "pegada" é mais forte, "sem massagem", especialmente para quem, como eu, não estava preparado.

Na televisão, assistia aos domingos o programa *Os Trapalhões*. O racismo era tão naturalizado na sociedade que somente depois de ver as reprises do programa, campeão de audiência da televisão brasileira, é que eu pude perceber o quanto era "engraçado" para alguns chamar o personagem Mussum de crioulo, bêbado, negro isso, negro aquilo e malandro. Debaixo das gargalhadas, as famílias brancas e negras absorviam uma série de xingamentos a um homem negro que, nos dias seguintes, legitimavam a desvalorização da pessoa negra no convívio social, inclusive na escola.[1]

Falando sobre a presença de negros nos meios de comunicação, quando trabalhei no Canal Futura, tive acesso ao livro *O negro na TV pública*, do cineasta e pesquisador Joel Zito Araújo (2010). O resultado da pesquisa era que a promoção da diversidade em três emissoras públicas de TV (TVE Brasil, TV Cultura SP e TV Nacional) estava muito aquém do que as propagandas institucionais tentavam mostrar. Nos telejornais, os negros eram menos de 10%, inclusive como entrevistados. Nos desenhos animados, também eram menos de 10% os personagens negros protagonistas. A partir dessa pesquisa, passei a prestar mais atenção no que meus filhos assistiam e liam.

Aos 5 anos de idade, Rita trouxe da escola um livro infantil, pois havia um projeto de leitura em que os alunos levavam livros para casa toda semana, para que os pais pudessem ler para eles. Na capa do livro que Rita

1 Para saber mais sobre o tema, sugiro o livro de Adilson José Moreira, *Racismo recreativo* (São Paulo: Sueli Carneiro; Pólen, 2019).

escolheu, havia crianças brincando de roda. Eram cerca de dez crianças, e só duas eram negras. Na história, contei cerca de 55 personagens brancos e apenas seis negros, sendo que três deles estavam na cozinha: um casal de crianças negras ajudando a mãe, a cozinheira que trabalhava na casa, para que os filhos dos brancos tivessem mais tempo para o lazer. Além da sub-representação, percebi um outro problema muito grave, que era a naturalização do lugar do negro: a cozinha.

Essa ideia racista passada para crianças em textos e imagens, sem uma desconstrução dos educadores num trabalho de mediação de leitura, potencializa o racismo estrutural brasileiro, pois, além daquela informação visual do livro, a criança provavelmente vai ver na própria escola que os professores e diretores são brancos, enquanto os trabalhadores com menos poder de decisão, inclusive os cozinheiros, são negros, assim como mostra o livro racista.

Em outra situação, minha filha me contou sobre um desenho animado em que as borboletas eram todas coloridas, mas, após serem enfeitiçadas, ficavam **pretas** e malvadas. Identifico que essas histórias reforçam os estereótipos em relação à população preta e podem comprometer a autoestima das crianças. Em *A negação do Brasil*, outro trabalho de Joel Zito Araújo (2000), fica evidente a desvalorização da pessoa negra nas telenovelas. Por meio da análise dos personagens negros mais importantes da teledramaturgia brasileira, o diretor analisa mais este processo de aprofundamento do racismo por meio de imagens que atuam no inconsciente da sociedade, construindo um imaginário racista.

Aprendi muito com o *rap*, gênero musical que conheci aos 19 anos, assistindo pela televisão ao programa *Yo! MTV Raps*. O programa, apresentado por um rapaz negro chamado Felipe B, com um corte que valorizava o seu cabelo crespo, era diferente de tudo o que eu havia visto na TV dos anos 1990. Os grupos Racionais MC's e Public Enemy me mostraram um caminho sem volta.

Na Cidade de Deus,[2] o *rapper* MV Bill também tinha o seu grupo de *rap* chamado Geração Futura e liderava a Associação Atitude Consciente (Atcon), no qual vários outros *rappers*, de diversos lugares do estado, iam discutir os rumos do movimento *hip-hop* no Rio de Janeiro.[3]

Por influência do *Yo!* e do movimento cultural *reggae* que acontecia na minha cidade, estava selada minha entrada no movimento *hip-hop*, em que tive mais contato com as questões raciais brasileiras e norte-americanas. Lembro que um dia, saindo de uma das reuniões na Atcon, me espantei quando um negro de pele clara me disse que eu não o estava reconhecendo como negro. Por mais que eu estivesse tomando cada vez mais conhecimento do assunto, ainda não entendia como uma pessoa de pele quase branca podia ser negra. Era a questão do **colorismo**: no Brasil, a principal marca da negritude é a cor da pele. Quanto mais escura, maior é a discriminação racial sofrida pela pessoa. Já nos Estados Unidos, existe a teoria

---

2 Comunidade localizada na Zona Oeste carioca, que em 2002 foi retratada em filme baseado no romance *Cidade de Deus*, do escritor Paulo Lins (São Paulo: Companhia das Letras, 1997).

3 Para saber mais, ouvir o CD *Tiro Inicial* (Rio de Janeiro: Radical Records, 1993), coletânea com a participação de vários grupos que frequentavam a Atcon.

do *one drop rule*, em português "regra da gota única [de sangue]", que define o grupo étnico ao qual as pessoas pertencem sem levar em conta aspectos físicos. Basta ter negros entre seus ascendentes para que o indivíduo seja considerado negro e sofra racismo.

Aos 20 anos, eu e um amigo, que vivia cantando pelas ruas, decidimos formar uma banda de *rap*. Nós dois fomos a um *show* de amigos, em um município vizinho, e passamos toda a viagem de ida cantando *rap*. No dia seguinte, Nino Rap[4] apareceu na minha casa para formalizar o início da banda Nocaute, que se deu em 1992. Com seis meses de atividade, recebemos um convite para participar de uma faixa de um disco da Fernanda Abreu (1992). Foi depois disso que começamos a frequentar as reuniões da Atcon na Cidade de Deus.

Em 1996, a banda Nocaute gravou seu primeiro disco por um selo independente; em 1999 e 2001, lançou mais dois em uma gravadora grande, multinacional: a Sony Music (NOCAUTE, 1996, 1999, 2001). Em 2001, a banda Nocaute se apresentou no *Rock in Rio*, um dos maiores festivais de música do planeta, e em 2002, após dez anos de formação, foi aos Estados Unidos disputar o *Latin Grammy Awards*, com o disco de 2001 indicado na categoria "Melhor Álbum de *Rap/Hip-hop*" da América Latina. A premiação ocorreu em Los Angeles, e tivemos que conseguir patrocínio para pagar as despesas com viagem, hospedagem e alimentação para os cinco integrantes.

4 Lúcio Mauro Cardoso dos Santos, fundador da banda de *rap* Nocaute, morreu em 12 de junho de 2014, de um mal súbito, deixando dois filhos: Marlon e Mayara.

É importante falar sobre a Nocaute, pois, por meio dela, muita coisa mudou na minha vida. Inclusive, foi por causa do *rap* que consegui a bolsa de estudos integral que me possibilitou cursar jornalismo numa faculdade de comunicação conceituada. Meu primeiro ano de faculdade foi em 1995, e foi durante uma viagem de ônibus entre minha casa, na Baixada Fluminense, e Botafogo, na Zona Sul do Rio, e impressionado com a quantidade de coisas que eu não sabia, que escrevi uma das músicas mais atuais da banda, *Informação pra quê?*, na qual eu digo que é preciso abandonar a televisão e mudar o foco para formar um pensamento mais crítico em relação à realidade:

> Estão assassinando a cultura nacional; feliz de quem consegue completar o primeiro grau; querem deixar o povo burro, programado igual robô; cortam isso, cortam aquilo, miséria é o que sobrou; Não considere tudo o que vê na televisão; seja mais esperto e busque mais informação; abra a sua mente, amplie seu conhecimento; pra que, pra que, pra quê? Pra poder ficar por dentro.

Em minha vida adulta, passei por diversas situações nas quais fui vítima do racismo estrutural: fui abordado com violência por policiais militares na porta do banco onde fazia um depósito na minha própria conta; vi mulheres brancas apertarem as bolsas contra os corpos ao olharem para trás e me verem; fui confundido com entregador numa casa onde minha esposa me esperava para almoçar com amigos educadores e, anos mais tarde, por um funcionário da Universidade do Estado do Rio de Janeiro. No caso da bolsa, eu já tinha mais de 40 anos e me surpreendi com a minha própria reação: ao perceber o medo das mulheres brancas, tentei dizer, por meio de uma comunicação não verbal, que eu não era quem elas estavam pensando e que não precisavam ter medo. Este episódio me fez perceber o quanto o racismo penetra em nossa carne e em nossa mente, levando-nos a responder o que não faz sentido, no caso, essa associação entre negro e ladrão, buscando uma aceitação de quem somos.

Ao que me parece, a falta de contato com o tema racial, seja na família ou no espaço público, está com os dias contados. Se tivéssemos esse hábito há mais tempo, teríamos posicionamentos mais objetivos em relação às posturas e atitudes racistas que presenciamos diariamente, e certamente teríamos melhorado muito a convivência diversa em nossa sociedade. João, meu filho adolescente, disse um dia que já tinha ouvido falar em Abdias Nascimento, mas não sabia quem ele era. Pois essa é a face do racismo que percebo no meu entorno: um apagamento da nossa história, dos nossos personagens principais, fato que nos deixa mais frágeis enquanto povo, pois escondem de nós as nossas raízes e tentam nos deixar sempre “nus”, carentes de vitórias nas quais possamos nos inspirar e que possamos contar para os nossos descendentes. Somos belos, temos coragem e temos muitos valores positivos que os racistas ignoram em nós.

Defendo uma educação antirracista, com a aplicação efetiva da Lei 10.639/03, pois já ouvi muitas pessoas dizerem que, se você não sabe de onde veio, também não saberá para onde vai. Esse é um pensamento que faz sentido para mim. A identidade negra é abalada quando sofremos uma enxurrada de notícias complicadas e desconfortáveis todos os dias e não temos as ferramentas intelectuais para combater a farsa. Assistimos a jovens negros sendo assassinados nas favelas, sendo presos e humilhados em plena televisão nos dois principais programas da grade – os telejornais e as novelas –, mas não falam sobre as ilustres personalidades negras: Zumbi, Abdias, Clementina, Carolina Maria de Jesus. Por que não contam seus feitos em cadeia nacional?

Por conta desse apagamento intelectual, as pessoas não conseguem enxergar os grandes feitos africanos, como as pirâmides de Gizé, no Egito, construídas cerca de 2.600 anos antes de Cristo. Na escola, a inteligência dos negros e a origem da humanidade no continente africano ganham poucas páginas nos livros. Trata-se de um racismo intelectual que não leva em conta todo o potencial que mostramos no passado e que ainda hoje temos a oferecer.

Nos Estados Unidos, após o assassinato de George Floyd por policiais, em 2020, atletas da National Basketball Association (NBA) estamparam o *Black Lives Matter* (Vidas Negras Importam) nas quadras, fizeram um boicote contra a violência racista da polícia e mostraram um posicionamento antirracista para o planeta; mas, por aqui, atletas de qualquer esporte não se pronunciam sobre racismo para não se comprometerem em seus clubes. Mostram os heróis no futebol, os talentosos na música, mas, apesar de sermos bons, quem manda no mercado fonográfico e nos clubes de grandes torcidas são pessoas não negras.

Somos humanos e, como qualquer outro ser humano, sentimos fome, sede, dor, alegria, tristeza, somos ignorantes, às vezes, e temos inteligência. Somos semelhantes nesses aspectos. Empatia, eu aprendi que é se colocar no lugar do outro e da outra para tentar entender sua dor, mas, com tanto apagamento sobre nós, sobre nossa origem e nossos maiores feitos, a empatia fica comprometida, pois as pessoas não querem se colocar em um lugar construído pelos racistas como "de perdedor", justificando e naturalizando a desvantagem nos índices sociais. Esse apagamento estrutural causa, como se sabe hoje, o maior número de jovens negros mortos pela polícia, e o maior número de mulheres negras vítimas do feminicídio. A sociedade se sensibiliza quando esse tipo de violência acontece com os não negros, mas, com a nossa população, é mais uma matéria de jornal.

Hoje, penso que a ferramenta que vai combater o racismo com mais eficiência é o conhecimento, que foi escondido não só de nós, mas de boa parte da sociedade por bastante tempo. Com o conhecimento se combate o preconceito e a discriminação por meio da valorização étnico-cultural. Com o conhecimento se constrói uma nova realidade, mais apropriada aos dias difíceis de hoje. Portanto, deveríamos trazer à tona os 500 anos de omissão intelectual sobre a nossa história, que de vez em quando escapam do apagamento estrutural num samba-enredo como o da escola de samba carioca Paraíso do Tuiuti,[5] que deixou todas e todos sem palavras no Carnaval de 2018, pois estampou em seu desfile mais verdades sobre a escravidão brasileira do que vemos nas

---

5 A G.R.E.S. Paraíso do Tuiuti (com sede em São Cristóvão, na cidade do Rio de Janeiro) ficou em segundo lugar no Grupo Especial do Carnaval carioca, em 2018, com o samba-enredo: "Meu Deus, meu Deus! Está extinta a escravidão?"

novelas. E por que, mesmo com um desfile impecável e com uma história tão verdadeira, a escola de samba campeã daquele ano não foi a Tuiuti?

É preciso estudar muito para fazer por nós o que nunca fizeram. Não será possível esperar nossos amigos e amigas serem mortos compulsivamente todos os dias, o genocídio nas favelas e o feminicídio negro, com a efetiva participação do Estado, como no caso do músico Evaldo Rosa que, em 2019, foi alvejado com mais de 80 tiros por militares do Exército brasileiro na Zona Norte do Rio de Janeiro. É preciso instruir, numa perspectiva de formação em serviço, professoras e professores para intervirem com fundamentos específicos quando perceberem situações de atitudes racistas dos alunos brancos, conscientes ou não, pois, em sala de aula, a autoridade é o docente, que pode e deve aproveitar esses momentos difíceis para ser um educador antirracista. Como o racismo não é um problema de negros, e sim, dos brancos que o criaram, para ser uma família branca antirracista, é preciso frequentar espaços democráticos, onde não há hierarquização racial. É preciso que as escolas contratem mais professores e professoras negras, para que os alunos percebam que as vozes e o poder devem ser plurais, e não apenas um direito dos brancos.

A revolução tecnológica que acontece aos nossos olhos contribui para o maior acesso à informação, tanto que as plataformas digitais constataram o aumento na busca por termos como “racismo estrutural”. Mesmo assim, ainda é pouco diante do quadro de analfabetismo funcional e exclusão digital do nosso povo. Portanto, mesmo que leve um tempo, nossa missão é incentivar o conhecimento, pois a face do racismo que eu percebo no meu entorno é o apagamento da intelectualidade africana. E podemos começar agora mesmo, lendo livros como *Na minha pele*, de Lázaro Ramos, *Um defeito de cor*, de Ana Maria Gonçalves, *Racismo estrutural*, do professor Silvio Almeida, *Escravidão*, de Laurentino Gomes, *Peles negras, máscaras brancas*, de Frantz Fanon, *Negras raízes*, de Alex Haley (mesmo autor da biografia de Malcom X) e, sem dúvida nenhuma, autoras negras como Conceição Evaristo e Carolina Maria de Jesus.

Em tempo: vidas negras importam. Sempre importam, porque

> [...] pra eles tem importância a nossa ignorância; lavagem cerebral vai começando desde a infância [...] (NOCAUTE, 1996, faixa 4: "Informação pra quê?")

Referências

ABREU, Fernanda. *Sla 2 Be Sample*, 1 CD. Rio de Janeiro: EMI, 1992.

ARAÚJO, Joel Zito (org.). *O negro na TV pública*. Brasília: Fundação Cultural Palmares, 2010.

ARAÚJO, Joel Zito. *A negação do Brasil*: o negro na telenovela brasileira. São Paulo: Senac, 2000.

NOCAUTE [Banda]. *CD pirata*, 1 CD. Rio de Janeiro: Sony/Black Groove, 2001.

NOCAUTE [Banda]. *Nocaute*, 1 CD. Rio de Janeiro: Sony BMG, 1999.

NOCAUTE [Banda]. *Se gali nema*, 1 CD. Rio de Janeiro: Virgin/EMI; Radical Records, 1996.

OLHARES E VISÕES

RODRIGO MENDES

Sou um homem, negro, carioca, com 43 anos (no momento em que escrevo este texto) e pai de três meninas. A caçula é fruto do meu segundo casamento e é 17 anos mais nova que a minha filha do meio (do primeiro casamento), e que hoje tem 20 anos e me deu meu primeiro neto.

Resolvi fazer esta introdução porque tenho a intenção de fazer um relato cronológico de como o racismo agiu na minha vida.

Sou de uma família de classe média baixa. Nasci no subúrbio de Rocha Miranda, na cidade do Rio de Janeiro, e ali morei com meus pais e irmão mais novo até meus 9 anos. Por motivos profissionais, minha mãe nos deixou para sermos criados pelos avós paternos em São Cristóvão, na Região Portuária do Rio.

Meu avô era músico aposentado e também foi motorista de táxi. "Trabalhava na praça", como ele dizia. Com seu trombone, fez parte da Banda da Polícia Militar e era integrante de um conjunto que animava bailes. Negro retinto, nasceu na segunda década do século XX, na Região do Médio Paraíba. Foi meu avô/pai.

Minha avó era dez anos mais nova que seu companheiro, servidora pública do Município do Rio de Janeiro, e também nascida no Médio Paraíba. Ambos eram da cidade de Valença, região com grande tradição do jongo. Foram eles que nos educaram e nos criaram até eu alcançar a idade de 18 anos e meu irmão, 16.

Comecei a trabalhar com 14 anos e, nessa época, conciliava estudo e trabalho e já saía bastante sozinho, circulando muito pela cidade. Tanto para o lazer como para o ofício. Minha maior diversão sempre foi a praia, e as mais próximas eram as da Zona Sul. Eu e meus amigos frequentávamos sempre Ipanema, Copacabana e Arpoador, nossa favorita.

Entre as atividades sociais, a que me trouxe o primeiro contato com o racismo foi o colégio, ainda na infância. Com a idade que tinha, não consegui ter a dimensão do que estava acontecendo, mas os apelidos e brincadeiras pejorativos, feitos por alguns colegas de classe, faziam eu me sentir menosprezado e ofendido, mas logo esquecia como "coisa de criança", um "zoando" o outro.

Entretanto, a vida adulta me trouxe situações mais latentes e novas visão e perspectiva a respeito do racismo.

Me lembro de sempre ouvir dos meus avós coisas do tipo: "Nós, negros, precisamos estar sempre bem apresentáveis." E isso se referia não só à vestimenta, mas também e, principalmente, ao cabelo. Por instrução do meu avô, eu e meu irmão cortávamos o cabelo ao menos duas vezes no mês. Meu avô sempre usava a expressão "negro de alma branca". Ambos se preocupavam com a nossa educação, a maneira de falarmos, de nos dirigirmos às pessoas, como nos comportarmos à mesa, e por aí vai.

Tenho um carinho e uma gratidão enorme pelos meus avós. Hoje entendo que, além de nos educar, estavam tentando nos proteger. Da seguinte forma: se estivermos bem-vestidos, e falarmos e nos comportarmos bem, os brancos não terão o que falar de nós. Porque sempre se tem algo a falar do negro: que ele é mal-educado, malvestido, não sabe falar, não sabe nada. E meus avós tinham receio de que falassem de nós. Era a maneira deles, diante de suas realidades, de nos protegerem desse mundo racista. Essa palavra nunca foi dita dentro da nossa casa, mas nem precisava.

Após cumprir o serviço militar, iniciei minha vida profissional. E outras situações de racismo surgiram novamente. Vou contar uma também relacionada ao meu cabelo. Trabalhava havia alguns meses em uma empresa, quando, um dia, um superior me chamou a atenção por conta do meu "não corte" de cabelo: esse foi o termo que um colega usou. Nessa época havia deixado meu cabelo no estilo *black*. Já tinha superado minhas questões em relação à minha identidade negra e tinha orgulho da minha ascendência. Esse episódio me deixou profundamente magoado e constrangido perante meus colegas, apesar da maioria levar na brincadeira e pedir que eu também agisse como eles, tentando amenizar a situação. Mas eu sabia bem o que havia acontecido ali e me senti forçado a cortar o cabelo ou perderia o emprego. E nessa época eu já tinha duas filhas.

Então, voltando a elas, minhas lindas filhas. Sempre fui um incentivador de fazermos diversos passeios por todos os cantos da cidade, da Zona Norte à Zona Sul. Por uma questão capitalista, geográfica, sociológica e historiográfica, muito do que gostaria e queria mostrar a elas e fazer com que elas usufruíssem estava entre o Centro e a Zona Sul e, mesmo sem carro, nos esforçávamos para lhes proporcionar uma diversão de qualidade. Tanto curtir uma praia como visitar grandes e pequenos museus, teatros, parques etc.

Porém, foi nessas incursões que comecei a perceber um olhar cínico, estranho e racista de pessoas de classe média e média alta. A estranheza de dividir o mesmo espaço com uma família de negros, que certamente não moravam ali. Negros, pobres, que frequentavam os mesmos lugares que eles, lugares que, apesar de públicos, na maioria das vezes, pareciam não nos pertencer, causavam olhares nocivos, o olhar do racismo.

Não falavam com suas bocas, mas nem precisavam: seus olhares e gestos diziam tudo. Meu olhar também dizia bastante coisa, e tenho certeza de que eles ouviam e entendiam bem. Estavam diante de um pai que não se diminuiria perante certas atitudes e que protegeria sua família desse mal.

Isso nunca me atingiu a ponto de me vitimizar, mas, a cada olhar, a cada gesto racista, crescia em mim um instinto de proteção, não somente das minhas filhas, mas de meninas e meninos negros que possam passar, por situações parecidas com as que passei, fortalecidos e seguros.

Hoje sou professor e tenho uma grande atuação em comunidades bem carentes de tudo, inclusive e principalmente de uma proteção contra a perversidade do racismo.

Por meninas e meninos negras e negros, tento pôr em prática um educação antirracista. Para que meus alunos e minhas alunas, brancos e negros, não mais sofram calados nem perpetuem o racismo, dentro e fora da escola.

Para que olhares maldosos não firam mais nossas crianças, para que pessoas parem de nos olhar assim e/ou de cometer mais e mais graves atrocidades. Para que nós e nossas crianças tenhamos orgulho de nossa etnia, seja ela qual for. Para que vivamos em sociedade mais igualitária e que as negras e os negros tenham seus diretos respeitados.

Cantemos:

> **Efun Oguedê**
> [...]
> É farinha de banana, baiana!
> [...]
> É confirmação que eu fiz
> De que um povo é feito planta
> Tem que ter sua raiz
> Quem não quiser
> Ver a planta sucumbir
> Tem que futucar bem fundo
> E adubar pra ver florir
> [...]
> (LOPES; MOREIRA, 1983)

Referências

LOPES, Nei; MOREIRA, Wilson. *Efun Oguedê*. In: LOPES, Nei. *Negro mesmo*. Faixa 7, 1 LP. São Paulo: Lira Paulistana, 1983.

POR QUE UM?

SANDRO LOPES

Nunca entendi por que não tinha, por que não existia. Passava o tempo e continuava a não existir. Mudava de história, de narrativa, e continuava não existindo, até que aparecia uma, nunca liderando sempre ajudando, servindo de escada, em segundo plano. Isso me deixava pensativo e triste, mas aquele espetáculo me encantava e eu queria fazer também.

Cresci e continuei vendo aquela ausência, de forma diferente, mas sempre em minoria, com histórias que eram sempre diferentes das que eu vivia. Mas eu continuava querendo aprender, realizar mesmo! Nenhuma das pessoas que eu conhecia fazia aquilo, então me deslocava de uma cidade a outra para aprender. Aquela minha vontade despertou o interesse de outras pessoas da minha região, e começaram a tentar fazer também, era como uma brincadeira levada a sério.

Até que a questão avançou, mas ainda continuamos sendo poucos e no mesmo lugar. Muda de história, de tecnologia, e continuamos poucos ou não existindo. Às vezes, nas datas festivas, lembram e colocam um, não mais do que um. Depois eles somem de novo. Conversei com outros responsáveis e constatei que eles também achavam importante ter mais de um, muitos outros, diversos, plurais, para mostrar para suas crianças, para que elas se sintam felizes com suas histórias e descendências. A ideia é desconstruir modelos, trazer novas formas de viver, de ser gente, para povoar o imaginário das pequenas e dos pequenos, educando-os para o diverso e não naturalizando um padrão único que se apresenta como a exclusiva expressão de beleza e cultura possível.

Eu quis saber: quem faz isso acontecer desta forma? Entendi que a cadeia era complexa e realizada por vários, mas eles tinham algo em comum: eram dessemelhantes de mim.

Até que procurei, procurei e encontrei alguns; depois vi que existiam muitos parecidos comigo. Porém, por que eles não estavam naquele lugar de fácil acesso, de visibilidade? Então, me lembrei da cadeia dos semelhantes e de toda a estrutura que os mantém naquele lugar de privilégio. Reconheci que era hostil aquele espaço de realização, mas também lembrei dos pares que me serviam de espelho, e aquilo me fortalecia; na verdade, nos fortalecia.

Agora me pergunto: como tornar plural, diverso, aquele lugar de visibilidade? Cheguei à conclusão de que, além de produzir, teríamos que disputar e reivindicar aquele espaço, que naturalizava a minha ausência. Teríamos que transformar os sentidos e preencher com outras histórias, outros modos de ser. Precisamos de mais espaço, de mais possibilidade para realizar, de construir, de significar. Tenho certeza de que, se não for possível transformar esse espaço, precisaremos criar um outro lugar em que os dessemelhantes possam existir.

As percepções trazidas acima são parte de minha subjetividade como espectador-realizador, mas também busquei ampliar estes conhecimentos em um outro papel social, como pesquisador.

Na década de 1980, a programação televisiva voltada ao público infantil se sofistica e a TV se populariza no país, a programação infantil passa a participar cotidianamente da vida das crianças, exercendo forte influência e participando cada vez mais da educação infantil.

Percebemos de forma nítida que o padrão imagético dos programas infantis tem como base as personagens brancas. Nesse período, os programas para crianças no país se consolidaram, as estrelas desse segmento eram mulheres louras, e elas se tornaram a principal referência da moda e dos costumes para a infância. Nos desenhos animados não era diferente: personagens como *He-man* e *She-Ra* povoavam o imaginário, e a produção de séries brasileiras era praticamente inexistente nessa década.

No início dos anos 2000, muda radicalmente a relação entre os programas infantis e seus patrocinadores. Os avanços quanto à proteção das crianças com relação à sua exposição, à publicidade e à erotização promoveram um grande progresso, porém, com relação à diversidade étnico-racial, não houve o mesmo resultado.

Apesar da produção de animação nacional para a TV ter aumentado significativamente na década de 2010, ocorrência motivada por vários fatores, entre eles a Lei da TV Paga, a inclusão das personagens negras não aumentou na mesma proporção. Observamos que a representação desse protagonismo negro, apesar de algum crescimento, continuou baixa quando comparada às personagens brancas nos meios de comunicação. Ainda assim, continuam sendo retratadas em papéis coadjuvantes, e a ocorrência está aquém da proporção de negros no país.

Ao vermos esse contexto sociocultural e analisarmos o perfil das crianças, entendemos que elas não são como uma massa homogênea e, sim, pessoas com particularidades próprias. Assim, vemos que os bens simbólicos diversos são importantes para a construção de mundo dessas crianças, pois animações realizadas no Brasil deveriam espelhar a realidade étnica e sociocultural desses espectadores. Apesar do silêncio da maioria da sociedade, essa desigualdade é percebida por aqueles que trabalham diretamente com a infância.

A ausência das personagens negras faz, através do silogismo implícito, uma relação de que, por dedução lógica, não é possível um protagonismo positivo negro. Esse retrato distorcido cria modelos normativos que influenciam a construção de identidade das crianças, principalmente das negras, pois seu referencial fenotípico na maioria das vezes é ocultado ou serve de antítese ao referencial positivo da história, o branco.

Pensamos que as violências simbólicas, como a invisibilidade de narrativas étnicas diversas, também são formas de opressão. A negação de mostrar personagens plurais como modelos de comportamentos atraentes é uma violência, pois fere o conceito de igualdade que a comunicação deve ter.

Somemos a isso o fato de resquícios da escravidão e de períodos totalitários no país trazem marcas que interferem na construção de uma mídia democrática, que tenha base no pluralismo e na diversidade. Isso é um direito e deve ser assegurado sobretudo à infância e à adolescência. O Brasil tem uma comunicação baseada em uma atividade comercial forte e uma presença pública e comunitária fraca. É exatamente por causa desse desequilíbrio que violações de direitos na comunicação são realizadas contra grupos vulneráveis da sociedade.

A importância social dos meios de comunicação está diretamente relacionada ao impacto que esses meios fazem na construção de valores e na formação da personalidade das pessoas, especialmente das crianças, por estarem inseridas em uma faixa etária de desenvolvimento. Consideramos que é de extrema importância que esses conteúdos apresentem diferentes rostos, sotaques, culturas e visões de mundo.

A construção de uma equidade na representação da produção de desenhos animados realizada no país só pode ser possível com a participação de outros atores nas produções dessas obras. Apontamos a necessidade de realizadores que estão à margem da cadeia produtiva, como os produtores e as produtoras negros terem acesso aos meios de produção, pois essa diversidade é que garantirá as construções de narrativas multiculturais. Nas obras realizadas por esses produtores existe uma busca por um parâmetro próprio. Essas construções questionam o referencial universal das produções hegemônicas ao demonstrar outras possibilidades, que, de forma crítica, apresentam outras realidades. O conhecimento e a produção das minorias políticas têm experiências importantes a serem consideradas, elas devem ocupar espaços e precisam produzir seus próprios discursos.

Ao observar essas animações, construímos um entendimento do que seria uma animação negra, a partir do ponto das reflexões oriundas dos debates estabelecidos pelo cinema de *live action* negro, no qual os primeiros manifestos sistematizados foram realizados no início dos anos 2000. Aqui, a animação negra é estabelecida a partir de três parâmetros: personagens protagonistas negras, narrativas afrorreferenciadas e realizadores negras e negros. Isso subverte o projeto estrutural, narrativo e historicizado apresentado até então. Por meio de um empoderamento estético, afronta os padrões embranquecidos da indústria cinematográfica brasileira.

Um novo olhar é forçado por essas obras, pois realizam uma produção artística mais experimental, exploram o subjetivo, o imaginário, modificando percepções da realidade. O pertencimento é peça fundamental nas escolhas midiáticas, porque parte de concepções intuitivas e afetivas, que têm no processo de ruptura uma ideia de vanguarda. Propõem uma concepção futurista que se desliga da concepção europeia através do imaginário afro, não seguindo a mimética estabelecida e propondo uma invenção voltada para dentro, buscando uma renovação estética e outras lógicas narrativas.

Afirmamos que a diversidade nas narrativas educa para as relações étnico-raciais, porque, ao trazerem ambientes mais próximos da realidade, essas narrativas permitem reconhecer o valor que os diversos grupos étnicos têm, fortalecendo a necessidade de mais espaço para essas culturas na construção da identidade de nossas crianças.

Entendemos que uma equidade simbólica constrói-se com a neutralização das formas de opressão que discriminam, étnica e racialmente, grupos sociais que nunca se apresentam com modelos de pensamento. Por isso, não podemos mais aceitar não existirmos no imaginário infantil.

ENTRE DORES E DISSABORES: O RACISMO

SARA DA SILVA PEREIRA

Revisitar o passado nem sempre é fácil. Temos tantas lembranças. São rememorações da infância, dos tempos em que brincávamos e não tínhamos que nos preocupar tanto. Recordações, temos muitas, eu bem sei, mas por que será que a dor insiste em prevalecer, como ferida aberta sangrando no peito? Existem episódios que são difíceis de esquecer, por mais que a gente tente e que o tempo passe. Feridas abertas demoram a cicatrizar.

O ano era 1988, mas me lembro como se fosse hoje. Éramos jovens, nesse tempo eu tinha 17 anos. Época de sonhos, de risadas, mas também de lutas e dores.

Eu morava em uma cidade da região metropolitana de Curitiba, mas estudava na capital, pois estávamos no ensino médio e na cidade em que eu vivia ainda não era ofertado o Magistério, tão almejado por mim. Desde a infância, acalentava o sonho de ser professora.

Ia para o colégio com minha irmã e uma amiga, e todos os dias era a mesma rotina: acordávamos cedo, nos arrumávamos e íamos para a escola de condução. Como saíamos muito cedo de casa, o ônibus estava sempre lotado, pois nesse horário havia muitos trabalhadores, mas também muitos estudantes como nós.

Entrávamos, cumprimentávamos o motorista e, com muita dificuldade, íamos para o fundo do ônibus, pois as pessoas tinham o péssimo hábito de se aglomerarem na frente. Lá atrás ficava a maioria dos jovens. Nós, três meninas negras, magrelas e uniformizadas, com os cabelos disciplinados em coques para ir à escola, chegávamos a destoar daqueles meninos e meninas brancas do fundão.

Nem sempre nossa presença agradava aos demais estudantes usuários do transporte público, pois era comum começarem a rir e a fazer piadas, nunca dirigidas a nós diretamente, mas começavam a gracejar entre si e a proferir dizeres como: “Nossa, que fedor!”, “Por que os pretos cheiram a sovaco?”, “Gente negra fede mais que branca”, entre tantos outros comentários maldosos, sem contar as risadinhas.

Fingíamos que não era conosco e conversávamos entre nós três, tentando nos afastar um pouco deles, mas não tínhamos muita opção, pois o espaço era pouco; o ônibus estava sempre cheio. Pior era a postura de alguns adultos, que achavam graça das piadinhas feitas por eles e riam jocosamente às nossas custas.

Um dia, uma das meninas dessa turma empurrou a colega em cima de nós, quase derrubando-nos. Ela retornou ao assento com suas colegas e ficou se limpando, como se o simples fato de esbarrar em nós pudesse tê-la deixado suja. Em casa, contamos para nossa mãe. Ela disse para ficarmos longe deles e para não aceitarmos provocação, pois ela temia que fizessem algo contra nós.

Tudo piorou quando minha irmã e minha amiga passaram a estudar em outro colégio e passei a ir sozinha para a escola. Me sentia frágil e humilhada. Com o tempo, passei a ficar muito incomodada, me sentia mal e ferida. Chimamanda Ngozi Adichie (2019, p. 12), ao falar sobre os perigos de uma história única da vida das pessoas, relata que: "É assim que se cria uma história única: mostre um povo como uma coisa, uma coisa só, sem parar, e é isso que esse povo se torna." E comigo foi exatamente assim, pois parecia que aquilo que diziam era o que eu estava me tornando: alguém suja, fedida.

Como se já não bastasse tudo o que faziam, um dos meninos ainda passou a puxar o meu cabelo, que estava sempre preso. Eu pedia para parar, mas todos os dias ele dava um puxão e/ou pegava no meu cabelo, coisa que eu odiava. A puxada em si não doía, mas, sim, o que vinha depois: dizia aos outros que o meu cabelo era duro ou que parecia um "Bombril".

Eu já era retraída e passei a ficar cada dia mais quieta e insegura, tinha medo de chegar perto das pessoas. Sempre tive o hábito de tomar banho pela manhã, antes de sair de casa, mas passei a fazê-lo como se quisesse tirar a minha pele e trocá-la por uma mais "limpa" e aceitável.

Naquele tempo, eu não tinha a leitura racial que tenho hoje e não compreendia o motivo das chacotas e piadinhas a meu respeito. Não imaginava que o problema podia não ser comigo e vivia perguntando para as amigas da escola se eu estava cheirando mal ou algo do tipo.

Passei a ter uma preocupação extrema com minha roupa e com meu corpo, chegando a tomar três banhos por dia.

Com o passar do tempo, para fugir das gozações, comecei a deixar o ônibus passar e não embarcava. Não aguentava mais olhar para aqueles meninos e meninas do fundão e ouvir suas risadas que ficavam ecoando em meus ouvidos o dia todo. Me sentia sufocada, chegava a faltar o ar, e nem sempre era possível conter o choro, pois as lágrimas rolavam pelo meu rosto assim que eu descia do ônibus.

Passei a chegar atrasada no colégio. Alguns professores permitiam o acesso, mas outros só autorizavam entrar na segunda aula, o que me causava mais angústia, pois eu era boa aluna e me preocupava com as notas. Gostava de tirar notas altas e me cobrava muito. Me tornei cada dia mais ansiosa e aflita.

Devido à minha mudança de humor e de comportamento, minha mãe começou a perceber que algo não ia bem e passou a questionar o que eu tinha que andava tão triste e nervosa. Chorando, contei a ela que os assédios no ônibus não pararam e que eu estava chegando atrasada porque não queria mais enfrentar aquilo.

Minha mãe disse que não havia o que fazer com gente daquele tipo, que durante sua vida inteira passara por situações semelhantes a essa, mas que nós não devíamos abaixar a cabeça para essas pessoas. Ela se ofereceu para ir à escola no outro dia comigo, para ver se alguém faria alguma gracinha no ônibus, mas eu disse que não queria que ela me defendesse, pois isso não mudaria nada: no dia em que ela não estivesse junto, ia acontecer novamente.

A solução que encontramos foi mudar meu horário de sair de casa: passei a ir mais cedo para a escola. Era preferível acordar mais cedo e chegar antes no colégio, a ter que enfrentar aquelas pessoas.

Demorei muito a entender por que antipatizavam comigo, gratuitamente, sem eu nunca ter feito nada a nenhum deles, um grupo de pessoas jovens como eu, mas que eu nem conhecia.

No outro horário não tive problemas, mas o medo e a insegurança me rondaram por anos a fio e, ainda hoje, quando revisito essa página da minha vida, sinto um nó na garganta e um aperto no peito. Entre as dores e os dissabores, tardiamente veio a certeza do racismo.

Esta não foi a única vez que percebi o racismo muito presente em minha vida, mas com certeza foi uma das vezes em que mais doeu, e carreguei comigo a sensação de que, para ser aceita, eu era quem deveria mudar. Demorei a compreender que essa também é uma das faces do racismo estrutural da nossa sociedade, que faz com que nós, pessoas negras que fomos criadas nesse sistema, não nos identifiquemos positivamente com nossa própria cor e assimilemos a discriminação e o preconceito como verdades absolutas. Ele também leva pessoas brancas a presenciarem atos racistas, como o que eu passei, e se omitirem, sem ao menos levantarem a voz para defender e endossando ainda mais o racismo, através de suas risadas camufladas.

O tempo passou, me descobri negra, com todas as dores e delícias de ser quem eu sou. Estudei, me empoderei e venci a maioria dos meus medos. Hoje, compreendo que o racismo deixa marcas profundas na vida de uma pessoa, mas que a nossa força muitas vezes está dentro de nós, só esperando ser descoberta quando nossa identidade étnico-racial é fortalecida.

Fechando o baú da memória, eu consigo ver a mulher forte que me tornei. Fiz da dor um degrau que escalei até chegar onde estou hoje, transformando em aprendizagem tudo o que eu vivi e me tornando mais forte. E, mesmo que a dor fique latente ao rememorar tudo, hoje reconheço o meu valor e não me fecho mais para a vida. Aliás, floresço, como se todas as manhãs fossem de primavera.

Referências

ADICHIE, Chimamanda Ngozi. *O perigo de uma história única*. Tradução: Julia Romeu. São Paulo: Companhia das Letras, 2019.

TESTES DE RESISTÊNCIA

SIMONE RICCO

O passado, quando aparece, serve
apenas para confirmar tudo aquilo que
o presente nos comunica tão vivamente.
(GONÇALVES; SILVA, 2000)

Motivada pela proposta deste depoimento, penso, repenso e concluo que escolher apenas um episódio de racismo gravado na memória é tarefa difícil...

Prestes a completar cinco décadas de vida, quando escrevo este texto, olho para trás e avisto um farto acervo de acontecimentos que ilustram as variantes do racismo direcionado às vidas negras, antes mesmo da maternidade. O relato elaborado é inédito, mas composto por figurinhas repetidas na vida escolar de muitas pessoas. Inúmeros autores e autoras têm criado narrativas literárias motivadas por fatos semelhantes aos que reúno no percurso até o episódio que escolhi partilhar, com o intuito de promover reflexões que colaborem com a educação das relações étnico-raciais, timidamente exercida pela maioria das famílias e instituições de ensino.

Casa, rua e escola educam. O somatório das vivências nesses espaços forma as pessoas que somos. A pessoa que sou está relacionada à infância iniciada no Morro de São Carlos e guiada por um letramento racial afetuoso, vindo inicialmente da *vó*. Precariamente letrada, ela aprendeu com a vida algumas estratégias para aceitar "seu lugar", um lugar digno, de doméstica confinada nos limites do quarto e áreas de serviço. A fé católica sustentou sua luta para derrubar barreiras, desviando de embates que pudessem resultar em castigos aplicados, exemplarmente, aos corpos negros desobedientes ao pacto de silêncio adotado nas relações raciais. Do pai e da mãe, que frequentaram escola e bem cedo encararam o trabalho, recebi investimento afetivo e um certo nível de fortalecimento da autoestima. Nossa casa/barraco no morro era lugar farto, bem cuidado, mas ajustado à postura cordial no enfrentamento das tretas e antigas "brincadeiras" que nos dirigiam lá fora.

Com arquiteturas diferentes, as escolas públicas e privadas parecem dotadas de um negrômetro que nunca falha, sinalizando os traços negros de cada um, por vezes de forma traumática. A criança que vai à escola está exposta à face perversa do "brincar". Sem dúvida, é um teste para as habilidades de intervenção e diálogo dos pais. No fim da década de 1970, o teste era ainda mais pesado... A instituição escola reproduzia práticas brancocêntricas, com murais de sinhazinhas e protagonistas seguindo o padrão eurocêntrico. A representatividade negra era restrita aos escravizados e às figuras folclóricas que serviam de referência para comportamento e aparência desumanizados. Entre os muros da escola eram admitidos muitos apelidos nada carinhosos, vistos como engraçados. Um deles recaiu sobre mim quando ganhou popularidade a personagem Damiana, criada por Daniel Azulay. O corpo negro, as tranças e os laçarotes da personagem eram semelhantes aos meus. O programa que apresentava a personagem usava o bordão: "Algodão-doce pra vocês", e a popularidade da turminha teve o efeito amargo de despertar a atenção para o meu cabelo, fazendo dele alvo de piadas. Momento de descobrir que os diferentes tipos de tranças, tão elogiados na família por serem bem feitos e enfeitados, eram ridicularizados. Tentei ter voz, fiz queixa sobre os apelidos e risos que me tiravam a graça, mas o silêncio era visto como a estratégia mais cordial e eficaz. Fui aconselhada a não ligar e superar os bobalhões com meu desempenho.

Na segunda infância, vivi a mudança de bairro e de escola. A década de 1980 chegava com transformações no contexto cultural. Negritude e racismo viraram assunto. Não passou "em branco" o fato de ser matriculada em um colégio onde a vice-diretora, duas professoras e um professor eram negros. A fina estampa da vice-diretora desfilando sobre o salto agulha foi marcante. Uma mulher negra naquela posição de comando era incomum. Comum era ver vários colegas disparando xingamentos às escondidas, confirmando o desprestígio de negros e negras que alcançam lugar mais alto em alguma hierarquia. Entre a admiração e a percepção do quadro triste, cresci. Por vezes me calava, mas em alguns momentos contestava as manifestações "desrespeitosas", que hoje sei que eram racistas. Continuei investindo energia nos estudos. Invisível no circuito das paqueras, fui destaque em desempenho. Experimentei orgulho de mim mesma e parti para o ensino médio confiante.

Em 1986, fui aprovada para um colégio estiloso, com arquitetura de cimento frio. Nos ares, outra fase. Influenciada pelos sambas que meu pai ouvia, fui me fortalecendo e entendendo que era "preciso a atitude de assumir a negritude para ser muito mais Brasil" (VILA, 2005). No novo *point*, as aulas já estavam em curso há algum tempo e eu usava o humor para conquistar amigos. As cenas divertidas, feitas em sala e nos corredores, tinham fãs. Veio deles a notícia sobre um teste de elenco para montagem teatral na escola. Corri para o auditório eufórica; queria me candidatar.

Lembro como se fosse hoje. Da porta avistei a professora de Literatura em uma mesa, com poucos alunos por perto. Entrei saltitante e pedi a ficha. Por cima dos óculos, a professora lançou um olhar que me jogou para baixo. Na sequência, afirmou que naquela montagem não havia papel para o meu tipo. "É Shakespeare", disse ela. Sem me entregar a ficha, se virou para o outro lado da mesa e puxou conversa com os alunos que tinham o perfil escolhido. Com a maior simpatia, escolheu explicar para eles os detalhes da montagem, deixando "claro" que aquele era um caso para o qual servia o clássico argumento "você não tem o perfil".

O samba atravessou e a cena teve ritmo de rock. O riso deles selava uma aliança entre os que entendem os privilégios da aparência embranquecida. A trilha sonora poderia ser um *hit* do rock Brasil, cantado pelos Paralamas do Sucesso, cuja letra dizia: "E a cidade que tem braços abertos num cartão-postal, com os punhos fechados na vida real, lhe nega oportunidades, mostra a face dura do mal" (RIBEIRO; VIANNA; BARONE, 1986). As portas/

braços abertos virando punhos fechados quando uma vaga está em disputa...

As palavras da educadora traziam "esclarecimentos" sobre a falta de espaço para alunos "como eu". Uma evidente comprovação da falta de letramento racial da docente, cuja prática ignorava a necessidade de promover o "escurecimento" em uma adaptação carioca-periférica da montagem europeia. Representatividade era algo que não importava.

Só eu me importava com os motivos reais para a escolha de um elenco sem negros. Gritaram-me "negra", mesmo omitindo o substantivo. Não era um grito explícito como no poema que conheci décadas depois, quando a internet tornou visível a *performance* de Victoria Santa Cruz.[6] Era um modo risonho de me excluir sem causar mal-estar, uma forma cordial de me convencer de que aquele não era o meu lugar.

Posso dizer que funcionou. Como era desconfortável aquela mistura de aluna invisível para a professora, com a preta visivelmente constrangida perante todos! Queria sair logo dali e me juntar aos colegas lá fora. Disputar um papel na peça não tinha mais importância. Precisava ser vista para pedir a ficha. A tensão tomou conta de mim, deu um nó nas cordas vocais e não pude falar. Apenas toquei o ombro daquela que me ignorava e apontei o papel em sua mão.

---

6 Dançarina, compositora e coreógrafa que foi uma das principais ativistas do renascimento cultural afro-peruano nos anos 1960 e 1970.

Receber a folha foi a deixa para encerrar a cena inesquecível. Compartilhei com os colegas o incômodo provocado por aquela postura, e um deles sugeriu que eu reclamasse na direção. A sugestão foi aceita, pois era a oportunidade de denunciar algo que atravessou minha caminhada pela educação formal várias vezes e de diversos modos.

A experiência da denúncia esbarrou em dificuldades. Não havia ofensa, a professora maluquinha provocou um mal-entendido; por conta dele, a aluna, apressada, não concluiu a inscrição. Os ouvintes não estranharam a existência de um projeto com elenco sem espaço para negros, numa escola pública de maioria negra. O que a instituição tinha a me dizer era que garantia o meu direito de fazer o teste e, para isso, eu deveria preencher a ficha e aguardar. Deram por resolvido, e o silêncio se fez!

Aguardei pelo chamado para o teste. Não aconteceu, e ficou ressoando em mim.

Ensino médio completo, por um tempo tive receio de enfrentar processos seletivos. Estudei com vontade para concursos que eliminassem a etapa *entrevista*. Mal sabia que seguiria em análise pelos olhos que condenam. Espero ser absolvida deste julgamento constante. Esperar é verbo de ação, ao qual me dedico na escola pública e em outros espaços escolhidos por mim para ativar práticas antirracistas, que desconstruam risos perversos e gerem **pretagonismos** e diálogos inseridos no processo contínuo de combate aos racismos.

Referências

GONÇALVES, Luiz Alberto Oliveira; SILVA, Petronilha Beatriz Gonçalves e. Movimento negro e educação. *Revista Brasileira de Educação*, n. 15, p. 134-158, set/dez, 2000.

RIBEIRO, Bi; VIANNA, Herbert; BARONE, João. *Alagados*. In: PARALAMAS DO SUCESSO. *Selvagem?* Faixa 1, 1 LP. Rio de Janeiro: EMI, 1986.

VILA, Luiz Carlos da. *Nas veias do Brasil*. In: VILA, Luiz Carlos da. *Um cantar à vontade*. Faixa 13, 1 CD. Syosset: Musart, 2005.

O TURBANTE E A SEGUNDA CHANCE

SINARA RÚBIA

Eu não saía de casa há seis meses, respeitei fielmente as medidas de isolamento social. Em 30 de setembro de 2020, quarta-feira, por volta das 11 horas, precisei retornar a uma consulta médica rotineira. Os hospitais retomavam os atendimentos de antes da pandemia. Estava apreensiva: se tínhamos um sistema de saúde pública cheio de desafios antes da atual pandemia, imagina como estará esse funcionamento agora? Quais serão, na prática, os efeitos desse surto, além das vidas perdidas? Quanto tempo levaremos para voltar ao ponto em que estávamos, que já era um ponto crítico, que afetava negros e pobres na garantia de assistência a necessidades médicas essenciais para a vida?

No percurso para o hospital, lembrei-me de uma sensação, da qual tinha me "esquecido". Saí de camisa simples, lisa, bege, calça jeans, tênis branco com cinza, bolsa marrom e um turbante de capulana[7] no tom azul-real. Na caminhada, olhares se direcionavam a mim: poucos de admiração e curiosidade, muitos de estranhamento e reprovação.

Percebi que inesperadamente, há alguns meses, eu fui protegida dessas violações sutis – mas não menos dolorosas e perversas que outras violências –, que se manifestam através de gestos e olhares diretamente sobre meu corpo, quando decidi usar trajes identitários, representativos, ancestrais... Meu corpo e minha mente estavam sob o efeito de uma redução de mensagens intolerantes, desrespeitosas, perversas e letais, que atravessam corpos negros diariamente pelas ruas das cidades.

Dentro do metrô – direção Pavuna/Botafogo –, em pé, segurando na barra, numa posição em que eu via pessoas e as pessoas me viam, pois o metrô não estava tão cheio, me senti estranha, desconfortável, atordoada e perdida. Levei um tempinho para reagir, me reconectar e me lembrar do que fazer nesses momentos. Que olhar devolver? Desviar o olhar? Abaixar a cabeça? Mudar de lugar? Perguntar o que foi? Devolver com um sorriso? Devolver o insulto com um olhar penetrante de reprovação? Ficar em silêncio? Fingir que nada está acontecendo? Entubar? Engolir? Adoecer? Calar? Morrer? Até descer no Largo do Machado, meus olhos, que se encheram de lágrimas sem transbordar uma gota, parecia que somente miravam pensamentos turvos e confusos.

---

7 Faixa de tecido usada em Moçambique como peça de vestuário (saia, blusa, vestido, turbante) ou utilitária (porta-bebê, sacola).

Na sala de espera do hospital não foi diferente. Pacientes, funcionários, acompanhantes, não passei despercebida por eles. Lembro-me de que entrei na recepção em passos lentos, movimentos leves e com a voz bem baixa, falei o mínimo possível com o atendente, que tem a função de direcionar as pessoas à sala de espera. Confesso que procurei o lugar mais escondido que fosse para sentar, mas só havia lugares vagos bem próximos do corredor de passagem das pessoas. A sala de espera não estava lotada como de costume; o campo de visão era aberto. O hospital seguia os critérios de não aglomeração, e os pacientes se sentavam espaçadamente, numa cadeira sim e outra não.

Antes de sentar-me, passei direto para o banheiro. Quando fui lavar as mãos, olhei minha imagem refletida no espelho por cima da pia. Fiquei olhando-me por algum tempo; meus pensamentos fervilhavam. Eu tentava decidir se aproveitava aquele momento para tirar, ou não, o turbante. Pensava em qual seria também a reação da médica. Eu não queria afetar a relação médico-paciente. Decisões importantes sobre minha saúde precisavam ser tomadas. O órgão vital que pulsa e distribui o rio da vida no meu corpo precisava de total atenção e interesse. Poderia eu confiar numa ética médica isenta das questões que atravessam as relações étnico-raciais?

Naquele breve e eterno momento, de frente para o espelho, eu me peguei constrangida comigo mesma por ter aqueles pensamentos duvidosos sobre mim, me permitindo me abalar com o impacto de uma violência cruel e silenciosa. Me maltratei ainda mais pensando: logo eu, mulher, negra, ativista, educadora, contadora de histórias negras e tantas outras possibilidades de ser e estar no mundo, com dúvidas sobre minha humanidade, direitos e desejos?

Enquanto eu fitava minha face fechada e severa, molhei meu rosto e levei minhas mãos lentamente até meu ori (minha cabeça), as coloquei sobre o turbante, ajeitando-o e aperfeiçoando sua forma, delicadamente, com meus dedos. Quando terminei, ainda olhando-me, ensaiei abrir um sorriso, que foi mudando minha pesada e tensa expressão. Naquele instante, meus lábios foram se abrindo e se abrindo, um sorriso negro raiou em minha face, trazendo felicidade e mudando o ritmo do meu coração, que naquele instante bateu com firmeza, segurança e orgulho de ser quem sou.

Uma memória me veio à mente enquanto transformava meus sentimentos da experiência vivida relatada no texto anterior. Décadas separam essas vivências (a do turbante e a que virá a seguir), mas ao mesmo tempo as unem: parece que existe um ponto nevrálgico em ambas as situações. Percebo que, nos últimos anos de minha vida, memórias traumáticas adormecidas começaram a emergir em minhas lembranças. Uma delas vou relatar aqui.

No ano em que cursei a 2ª série, hoje o atual 3º ano do ensino fundamental, em 1983, numa escola pública de base católica (porque era ao lado da igreja e sofria essa influência). A escola ficava no centro de Petrópolis, eu, entre 7 e 8 anos de idade, vivi um processo tenso e sofrido. Na sala de aula dos alunos da 2ª série, existia uma divisão por qualificação de inteligência e participação dos alunos: existia a fileira dos "burrinhos", a fileira dos mais ou menos e a fileira dos inteligentes.

As fileiras da sala, como todas as fileiras das salas da escola, eram compostas por duplas unidas de carteiras, de madeira bruta, marrom-escura. A fileira dos inteligentes ficava no lugar mais bonito e desejado da sala: era perto da professora, que chamávamos de tia, composto por desenhos, figuras coloridas e pedagógicas na parede, um espaço alegre e aconchegante. Nela sentavam os alunos que tinham média entre 8 e 10. Esses alunos eram sempre os que respondiam todas as questões, que eram chamados para leituras em voz alta, considerados alunos exemplares e educados. O afeto, a empatia e a admiração da tia eram costumeiramente verbalizados indicando a conduta exemplar a ser seguida e/ou a desqualificação de outro aluno, através de comparações.

A fileira dos "mais ou menos" era composta por alunos de média entre 5 e 7 e ficava no meio da sala. Esse grupo tinha a vantagem de ser o maior grupo, bem diverso, por vezes barulhento e agitado. Seus alunos viviam uma tensão constante com a possibilidade de se emancipar para a fileira dos inteligentes, e com a meta de nunca se sentar na fileira dos "burrinhos", que também era uma probabilidade bem possível. Eles eram os que mais zombavam da fileira dos "burrinhos". Quando eles olhavam para um lado sentiam o desejo, o sonho; e quando eles olhavam para o outro lado, sentiam o medo e o repúdio.

Os alunos da fileira dos "burrinhos" carregavam esse estigma, que atribuíram equivocadamente a esse mamífero, pois estudos nos mostram características de eficiência nesse animal, que provam o contrário de sua fama. Contudo, não entrarei aqui nesse debate, mas preciso ressaltar essas semelhanças nocivas de equívocos.

Como se não bastasse o "castigo" diário de sentar nessa fileira por obter média baixa, os alunos desse grupo eram obrigados a usarem um par de orelhas de burro na cabeça assim que entravam na sala. Essas orelhas, cujos desenhos eram impressos por mimeógrafo em folhas de papel-ofício, tinham que ser coloridas por cada aluno dessa fileira, que era no outro canto da sala, longe da tia, dos desenhos e das cores. Quando eles chegavam, pegavam suas orelhas na mesa da professora e as colocavam para assistir às explicações da professora, copiar e fazer os deveres, ouvir as lições. Só tiravam no intervalo para merendar, ir ao banheiro e quando retornavam para casa, então guardavam o par de orelhas para usá-las no outro dia.

A cada trimestre, quando recebíamos os boletins, era uma tensão, que poderia ter final feliz ou triste. A partir das médias se redefiniam, ou não, os lugares. Eu me lembro de que, nesse ano, só tive uma oportunidade de sentar na fileira dos inteligentes, pois no outro trimestre voltei para a fila mediana, vivi o pavor da possibilidade de ir para a fila dos "burrinhos" e fui.

Eu tive, nesse ano, uma dificuldade grande com a Matemática, não conseguia aprender. Minha família passava por uma transformação grande, e minha mãe já não conseguia mais me acompanhar nos deveres. Meu pai não aprendeu o letramento do alfabeto, não lia nem escrevia, e minha mãe, mesmo com pouca escolaridade, sempre me acompanhava nos deveres e estudos, mas precisou começar a trabalhar fora de casa, pois o dinheiro das costuras particulares já não dava conta do sustento da família.

Com 8 anos de idade, precisei ajudar a tomar conta de minhas duas irmãs mais novas em parte do dia. Minha mãe, antes de sair de manhã bem cedo, deixava tudo preparado. Eu acordava, dava café da manhã, arrumava a casa, dava banho, comida, e as preparava para uma escola de jardim de infância em nosso bairro. Eu as deixava na casa de uma vizinha que as levava para a escola, antes de sair para minha escola, quando, junto com outras crianças do bairro, pegava o ônibus, que levava uns 25 minutos para chegar no centro da cidade.

Tudo mudou, e não consegui dar conta de aprender a tabuada e as continhas. Então baixei minha média significativamente e, chorando, fui para a fileira dos "burrinhos". Lembro-me até hoje desse primeiro dia, das lágrimas, das zombarias e de um menino, o mais debochado da fileira dos mais ou menos, que dizia: "Olha, gente, mais um 'burrinho' preto..." E gargalhadas e lágrimas e frustação.

De fato, hoje me lembro de que a fileira dos "burrinhos" era composta por alunos negros, não me lembro na minha pungente memória de alunos brancos nesse grupo. E lembro também que eram sempre os mesmos alunos da fileira dos inteligentes: um grupo composto por uma maioria de alunos brancos. Na fileira dos mais ou menos, havia pessoas brancas, mas num número bem menor. Nesse ano, eu repeti a 2ª série, não teve jeito, não houve tempo de recuperar a média. No ano seguinte, depois de ter aprendido a lidar com a família, parentes e vizinhos, pela dura prestação de contas do fardo que carreguei por ter repetido de ano, como diziam, chegou a hora de iniciar tudo novamente. Lembro-me de que, quando as férias estavam terminando, a cada dia que se aproximava do início das aulas, eu ia me entristecendo, eu sabia o cotidiano que me esperava.

Mas uma coisa inesperada me aconteceu nesse ano da minha 2ª série. A professora do ano anterior entrou de licença-maternidade durante as férias. Por esse motivo, a professora da 2ª série mudou. No meu primeiro dia de aula, quando entrei na sala, meio sem saber o que aconteceria, com o coração disparado, na expectativa de saber se começaria o mesmo esquema, ou se zeraria tudo, se eu colocaria as orelhas, se me sentaria na fileira dos "burrinhos" novamente, me deparo com a imagem reluzente e esplendorosa da nova professora, que recebeu todos os alunos com um sorriso celestial. Falo agora da professora que ressignificou minha experiência escolar naquele ano, que fez tudo diferente, que me fez fazer as pazes com a sala de aula, que me fez aprender as contas, que me chamava pelo nome, que me via, que me ensinava em sua mesa, que me sorria sempre e que tinha a cor de meus ancestrais e de quem eu jamais esquecerei a face e o nome: a professora **Maria Matheus**.

ESPELHO, ESPELHO MEU

TATIANE OLIVEIRA

Sou uma mulher preta?

Sou uma mulher preta!

Pensei em um começo bem diferente. Pensei em começar diretamente tocando na "ferida" e partindo para as lembranças de como fui afetada pelo racismo, como ele passou por mim, direta ou indiretamente. Óbvio que isso já vai se dar, mas começar com essa pergunta, e em seguida escrevê-la como uma afirmação, traz em mim muitas reflexões.

Começo com uma interrogação: como eu, uma mulher mestiça, filha de um pai negro e de uma mãe branca, com a minha criação em um ambiente majoritariamente branco, em que a pauta racial nunca se deu como tema, poderia se enxergar como uma mulher preta? Dúvida...

Depois, a mulher que se entende preta, que teve sempre em suas convivências um olhar de reprovação, de desconfiança, de desprezo, seja com uma brincadeira sobre o meu tom de pele, ou uma chacota sobre o meu cabelo, passando por algumas rejeições afetivas, e tantos outros episódios de racismo, que me constituíram, faço me entender como uma mulher preta, afirmo...

Quando escrevo este texto, estou com um pouco mais de quatro décadas de vida, e para começar preciso pedir licença aos que vieram antes de mim e celebrar esse tempo, tempo de uma existência que sequer ousei pensar que chegaria "tão longe", então, chegar até aqui ainda é algo que muito me surpreende.

Pretendo fazer uma breve retrospectiva desse tempo passado, e, claro, contando um pouquinho da minha experiência de vida até então, minhas distintas, densas e diversas caminhadas, e finalizando talvez com o que pode ser considerado a chave da minha grande virada, a literatura como aliada e responsável por uma intensa, imensa e incrível jornada.

Aqui no texto me relato como uma "espectadora" de mim mesma, saindo desse lugar "de dentro" e tentando me distanciar, olhar um pouco mais "de fora" e perceber quanto o racismo sempre esteve presente em meus dias. Identifico hoje que, em minha trajetória, o racismo foi um dos grandes responsáveis pelas grandes violências, frustrações e tristezas. Sentimentos esses que tornaram-se frequentes e, por que não dizer, naturalizados em meu cotidiano. Identifico o quanto o racismo contribuiu para minha baixa autoestima e me colocou em lugares que não deveria jamais visitar...

Pensando um pouquinho ainda nesse começo da minha escrita, em falar sobre estética... Acredito que posso dizer, resumidamente "aqui de fora", como espectadora de mim mesma sobre o meu corpo e meu cabelo.

Sobre o corpo, começo devagar. Nunca tive um dito "corpão", era muito, muito magra em minha infância, adolescência e também parte da minha vida adulta, e apesar da "magreza" estar dentro de um dos modelos definidos como aprovado, aceito pelos padrões da sociedade, minha magreza vinha acompanhada de um ingrediente que fazia toda a diferença: a pobreza. E esse tom mais "escurinho" da minha pele, junto à classe social a que pertencia, não passava despercebido. Falando um pouquinho dessa acompanhante, digo que ela não era uma simples coadjuvante. Apesar de não ter tido problemas sérios de escassez (dificuldades com alimentação, vestuário, lazer), eu morava em uma favela, e ser favelado nunca é uma condição tão simples assim dentro de uma sociedade tão desigual e seletiva...

Vivi toda a minha infância e grande parte da adolescência no AP (área de apartamentos) da Cidade de Deus. Lembro-me das inúmeras vezes em que gaguejava ou inventava nome de lugar para poder dizer onde morava. Algumas vezes descia do ônibus antes ou depois do ponto certo, quando identificava, ali dentro dele, algum conhecido da escola. Disfarçava e inventava sempre um problema familiar para não ter a minha casa escolhida para fazer os trabalhos escolares, e esses variados episódios até aqui relatados são por mim considerados episódios "leves".

Meu corpo preto, desde sempre, por conta da tonalidade preta não muito explícita em minha pele, me proporcionava uma passibilidade. Digo: não ser uma negra retinta me colocava, ainda em um lugar privilegiado, dentro dessas experiências. Variava, bastante também, dependendo de quem estava ao meu lado, como estava vestida e muitas vezes em que tipo de lugar/espaço estava inserida. Lembro-me que, quando minha mãe estava ao meu lado, era uma tranquilidade para mim: todo este sentimento de "estranhamento" magicamente desaparecia. Hoje entendo e ratifico o quanto minha mãe era "respeitada": ela transitava em todos os lugares, tranquilamente. Minha mãezinha, por ser uma mulher branca, não provocava "suspeita", ninguém desconfiava que ela poderia estar "mal-intencionada". Assim como ninguém olhava para meu corpo franzino e preto da mesma maneira violenta, quando eu estava com ela. Pensava, então, que isto acontecia por conta da proteção, aquele "superpoder" de mãe, que sei que ela tem e hoje vejo que, além do dom da proteção, estava ali presente, subjetivamente instaurado, o racismo estrutural. Meu corpo preto era desrespeitado e atingido covardemente numa expressão de muito desamor em minha infância e minha adolescência, salvo quando estava ao lado de minha mãe que me protegia, com sua presença branca e amorosa, de todos os ataques ao meu corpo de menina.

Falando de corpo, aproveitando o gancho e pensando em corpo-espaço, vejo o quanto determinados espaços não me eram condicionados ou "permitidos". Lembro-me de uma vez em que fui ao *Xou da Xuxa*, só eu e minha mãe. Estava superempolgada para conhecer a Xuxa. Minha mãe ficou na plateia, então perdi a sua proteção e fiquei isolada lá em meio a tantas meninas brancas. Na única oportunidade que tive, ingênua que fui, de me sentir pertencente àquele lugar que eu criara no meu imaginário como um lugar feliz e de brincadeiras, e onde todas as crianças eram tratadas igualmente... Eu fui levantar a mão na hora de chamarem as crianças para uma brincadeira, tive a "audácia" de esticar o braço e tentar chegar a uma paquita pra ela me escolher, e o que eu recebi? Um corte, uma cisão, um corretivo público, uma injustiça, uma discriminação, em alto e bom som: "A gente só escolhe crianças educadas!" Fiquei muito triste, porque eu estava como todas as meninas brancas tentando brincar, só que eu não era uma criança branca. Hoje, refletindo, eu posso avaliar melhor o ocorrido: estava no Jardim Botânico, um bairro nobre do Rio de Janeiro, e minha educação ali não era algo que mudaria de nada. Aliás, sendo bem sincera... Minha educação não interessava àquela gente (gente?). Nessa época, eu deveria ter uns 8 ou 9 anos, e esse episódio nunca mais saiu da minha cabeça, porque ele tem o teor de uma grande injustiça. Depois desse ocorrido no *Xou da Xuxa*, durante um bom tempo de minha vida de menina, eu evitava sair de onde eu morava, intuía que adentrar outros espaços, diferentes daqueles em que eu circulava com frequência, seria extremamente incerto, até algo perigoso; então, estar em minha favela era seguro para mim, minha zona de conforto.

Saindo um pouquinho do corpo, corpo-espaço, quero escrever aqui sobre outro elemento não menos importante dentro do campo da estética: o cabelo! E começo de uma forma bem direta: passei cerca de mais da metade do tempo que hoje tenho de vida alisando meu cabelo. Até meus 7, 8 anos, minha mãe cuidava dos nossos cabelos (meu e da minha irmã), geralmente com um rabo de cavalo, com a frente bem esticada. Nessa mesma época, ela começou a cortar nossos cabelos, porque, além de a gente já começar a querer ficar na moda (era época do *new wave*), tínhamos uma outra grande demanda: os piolhos, piolhos infinitos, e, diferentemente de hoje, naquele tempo não havia medicamento oral, era muita coisa de uso tópico, e salve-se quem puder! Minha irmã e eu abraçamos os curtinhos da moda, já com a pressão estética começando a rondar nosso imaginário. Era o auge do *Xou da Xuxa*, e todas as crianças a assistiam, eu era fã da Xuxa e a gente sempre brincava de ser as paquitas. Assistia às novelas da Globo, gostava da Madonna e dos Menudos. Como poderia imaginar estar fora desses padrões brancos? Impossível, né? Sim, impossível...

"Tá bom, tá bom, tá ótimo" – esse foi um episódio que aconteceu em Teresópolis, na casa da minha tia... Por incrível que pareça, sempre fui a mais preta da família (minhas primas mais próximas tinham cabelo liso; eu adorava penteá-los) e, "brincadeiras" à parte, que não eram poucas, eu sempre estava às avessas com o meu cabelo, que sempre decidia não colaborar... Uma vez íamos passear pela cidade, e todos, na ânsia de sair, foram se ajeitando, só que o meu cabelo não se ajeitava. Penteava, alisava, abaixava, colocava grampo, prendia, e todos olharam para mim com pena, mas ao mesmo tempo achando engraçado. Fui começando a ficar nervosa, e, de repente, olhei pra todo mundo, tentando ajeitar meu cabelo e disse gritando e chorando: "Tá bom, tá bom, tá ótimo!", com toda a raiva do mundo e com a frustração de uma pré-adolescente negra que queria apenas sair e se divertir, se possível fosse estar invisível, ou com um capacete. Não me lembro muito do desfecho desse episódio, mas, dentro de mim, tenho certeza de que minha mãe veio me acolher e ajeitar o cabelo da maneira mais "aceitável" para que eu ao menos conseguisse sair de casa. Comecei com a "pasta", que era uma espécie de alisamento. Naquela época não existiam as pranchas, fazer escova era coisa de rico – daí o que nos restava era passar o alisante e prender, tipo, tudo esticado. Resolvido o problema? Claro que não! Fiquei superinsatisfeita usando pasta, achava-me horrorosa, e os "amigos" também faziam questão de me lembrar para que eu me não esquecesse disso, e a autoestima indo rio abaixo... Depois dessa primeira experiência com a pasta, fui para o henê: a gente fazia uma pasta quente com ele, passava no cabelo com o calor maior que era possível aguentar, e depois era só lavar que o cabelo estava mais liso, lisinho... Em seguida, ainda junto do henê, veio o Braun, que era uma espécie de bobes instantâneo para cabelos: você deixava o cabelo secar naturalmente, dividia em pequenas mechas, ligava o aparelho na tomada para esquentar o objeto elétrico, daí fazia "rolinhos" de cabelo nele, no estilo modelado, e estava pronto, ou melhor, pronta e "branca". Seria "fácil" se isso fosse verdade, mas não era: eu nunca me senti pronta. O resultado disso, como relatei no começo, foi passar mais de 20 anos refém de produtos químicos, que não eram sequer apropriados para meu cabelo, no intuito de passar invisibilizada pelos lugares que acessava. Algumas vezes deram certo, outras não. Mas o que eu tiro de pior não é a licença que o outro me dava quando eu tentava passar invisível em minha negritude, e, sim, o quanto fui agredida externamente e internamente, tentando entrar nesses padrões.

Dando continuidade a esse texto, quase como um diário, quase como uma catarse, volto aqui para o então "racismo nosso de cada dia" e agora vou deixar bem "escurecido" que não quero estar no lugar de vítima, mas ainda desejo compartilhar alguns episódios nos quais o racismo continuou e continua me rondando. Considero ser muito importante a gente partilhar esses "desencontros" da vida para mostrar, a pessoas que viveram fatos semelhantes, que elas não estão sozinhas. Para alertar quem talvez nunca tenha passado por tais episódios, ao menos conscientemente; ou, talvez, as pessoas que tenham sido causadoras dessas dores, as opressoras, para que neste meu relato, e de meus companheiros de escrita, possam ter a oportunidade de perceber o quão cruéis e desumanas foram com algumas pessoas, e quantos danos irreparáveis podem ter causado em suas vidas. Vivi esses danos, tanto em meu ambiente familiar como depois de adulta, em alguns ambientes de trabalho, espaços em que tive a oportunidade de circular. Demorei a enxergar, como vejo hoje, o quanto o racismo estrutural é covarde. Até hoje ainda tenho dificuldade de entender o porquê de uma tia não gostar de mim, já que era "quase igual" à minha irmã, e essa tia sempre sorria para minha irmã, e para mim não, sempre dizia que eu era responsável por fazer algo ruim, que eu não fazia alguma coisa, sempre falava mal dos meus amigos e de tudo que era caro para mim, e eu não sabia por quê. Não me recordo de nenhum abraço, nenhum sorriso, nenhum acolhimento; ao contrário, hoje vejo que sempre fez "piadinhas", fofoca e desmerecimento a mim e também à minha família preta, dizendo que eu era “igual a eles” de uma forma que ser igual a “eles” seria uma coisa ruim. Talvez por isso demorei tanto a valorizar minha avó e meus tios paternos pretos!

Visitando esse passado, que hoje enxergo com muita criticidade e de um outro lugar, que não mais me afeta, transfiro esse mesmo sentimento para duas pessoas em episódios mais recentes. Um ocorreu com a diretora de uma empresa em que trabalhei, branca, racista, que fazia questão de me olhar com um ar de fuzilamento, por estar naquele espaço e por ser alguém que não mais queria estar invisível: eu queria aparecer, aparecer não, queria ser, e isso o racista não admite.

Uma outra pessoa, que percebo que me olha com esse mesmo olhar, com um misto de raiva e superioridade, é a síndica de um local que sempre visito, a quem sempre sorrio, sempre cumprimento, amorosa e educadamente. Mas ela, em sua cabeça racista, não suporta a liberdade que tenho de transitar nesse espaço, de classe média, e ainda por cima não sendo a funcionária de alguém. É sempre muito dolorida para mim essa aversão, pelo simples fato da minha existência, pelo fato de eu existir e não servir: ela não se conforma de compartilhar os seus privilégios, de eu não estar “por baixo” dela, dentro da sua zona de domínio.

Um outro episódio interessante, e que nos leva a refletir o quanto o racismo está presente em nosso cotidiano de maneira contundente: uma mulher branca, organizadora de um trabalho no qual eu participaria, quando eu disse que precisava de iluminação para melhor aproveitamento do espaço no final do dia, ela me sugeriu colocar em minha cabeça uma lanterna (como aqueles homens que trabalham nas minas), já que "vocês" (o povo negro) usam uns "negócios" (turbantes) na cabeça. Neste dia, claro que eu estava com um lindo turbante...

E finalizando o tal racismo nosso de cada dia: alguns dias atrás, ao descer do prédio onde moro, e por acaso estar no elevador de serviço, sozinha, não havia ainda acertado a máscara em meu rosto (vivíamos no tempo de pandemia), e ao abrir o elevador havia um casal de pessoas brancas sentadas no banco do *hall*. Quando abri e estava colocando a máscara, ouvi um: "Ah, tá...!" Eu senti que foi comigo, voltei e perguntei: "Você falou o quê?" Ela respondeu: "O quê? Não falei com você." Eu: "Ah, sim, eu ouvi algo e pensei que era comigo" (me fazendo de desentendida). Ela usou de toda a sua branquidade, me olhou de cima abaixo e disse: "Se eu não falo com ninguém, vou falar com você!?" Mas ela falou comigo, ou melhor: falou com o corpo preto que ela achou inferior ao dela.

Poderia me estender muito mais, falar de inúmeros episódios diretos e indiretos, sutis ou não, episódios em que eu estava no palco e outros na plateia, falar das questões sociais, fisiológicas, emocionais, afetivas e subjetivas que o racismo provocou em mim, na minha caminhada, e de muitos pares meus, mas deixemos para, talvez, outras oportunidades...

Assim como podemos escrever sobre esses tristes episódios, podemos escrever também sobre como estamos lutando para que eles se transformem em "apenas histórias". Talvez ainda hoje seja otimismo, mas acredito que, num futuro próximo, textos como esses, e muitos outros, se tornarão apenas materiais de consultas.

Sei que a luta é árdua, é diária, mas não vamos recuar. Eu hoje transito e trabalho no ramo literário, e, assim como escreveu Sonia Rosa (2009), em seu livro *Palmas e vaias*, digo:

> As vaias foram importantes porque ela pôde escolher o que queria carregar no seu peito e na sua memória para sempre: as vaias de um clube cheio ou as palmas solidárias e solitárias de sua mãe numa expressão genuína de amor. É claro que ela escolheu as palmas da mãe. Quanto às vaias? Ah, essas viraram história!

Me despeço deixando aqui minha despretenciosa contribuição, e finalizando percebo que por essas e outras, ao me olhar no espelho pergunto:

– Espelho, espelho meu, quem sou eu?

Digo, e afirmo:

– Sou uma mulher preta!

Sim!

Com muito orgulho!

Referências

ROSA, Sonia. *Palmas e vaias*. Rio de Janeiro: Pallas, 2009.

COMO VOCÊ IDENTIFICA O RACISMO EM SEU ENTORNO, EM SEU COTIDIANO... EM SUA VIDA?

VITOR DA TRINDADE

Esta realmente é uma pergunta de muitas respostas. O racismo no entorno dos negros é cotidiano. O cotidiano da violência causada pelo racismo está no nosso entorno desde os tempos de Palmares, que poderia viver tranquilamente na Serra da Barriga se não fossem as investidas do governo amedrontado pela possibilidade de que todo o país se revoltasse.

O racismo chega em mim na infância, chega sem se explicar nem declarar, falando que não existe e que somos todos iguais. Eu era um menino inocente, mesmo inteligente, e acreditei. Não vi me chamarem de macaco, tiziu, anu, muçum, picolé de asfalto, urubu, crioulo, e eram meus queridos amigos que me chamavam assim. Um pai branco de um dos meus amigos dizia que eu era um preto de alma branca e, na casa dele, eu era o único preto que podia entrar. E eu achava isto muito chique; era só um menino. Todo dia alguém me lembrava de que eu era muito feio, que tinha beição, cabelo "ruim", perna fina e dente torto. Eu, para piorar, era ruim de bola, ruim de pipa, mas pelo menos de pingue-pongue eu era bom. Não tinha preto entre meus colegas de infância, e a minha família criadeira não tinha muita noção do que era racismo: eram portugueses bem intencionados e que agiam conforme o que fora ensinado por seus pais. Falavam não muito bem de minha família preta e de suas vidas de artistas desorganizados que não criavam os filhos, e sonhavam que eu seria oficial da Marinha. Deu tudo errado, mas a intenção na época era boa. Na Aeronáutica, o Tio Jorge, que era considerado o mais ignorante, falava que não dava, que a Aeronáutica era muito racista e jamais deixaria um oficial preto aparecer por lá, mas no Exército e na Marinha podia ser.

Adolescente, eu fazia em casa os bailes, tinha os melhores discos,[8] discos bons de Roberto e Erasmo, depois fase Santana, Rolling Stones, Beatles, em seguida a fase de rock progressivo, e chegaram Rick Wakeman, Focus, Tangerine Dream, a fase Motown, com James Brown, Tony Tornado, Stevie Wonder, e finalmente os brazucas Caetano, Gil e Djavan. Era estranho ver todos os meus amigos com namorada e eu, na minha baixa autoestima de adolescente negro, não arrumava nem para o primeiro beijo no bairro de Quintino Bocaiuva, no subúrbio carioca.

---

8 Além de cantores e compositores brasileiros bem conhecidos, com carreiras iniciadas nos anos 1960 e 1970, o autor cita: Santana (banda de rock latino, Estados Unidos, fim dos anos 1960); Rolling Stones e Beatles (bandas de rock, Inglaterra, início dos anos 1960); Rick Wakeman, bandas Focus e Tangerine Dream (rock progressivo, Europa, fim da década de 1960); Motown (gravadora focada nos ritmos da música negra, Estados Unidos, início dos anos 1960) e James Brown (um dos maiores representantes da música negra, Estados Unidos, meados dos anos 1950).

Minha primeira namorada chegou quando comecei a entender a questão racial, quando fiquei perto de nossa gente participando da G.R.E.S. Quilombo, liderada por Candeia na década de 1970. O líder negro convidou minha mãe, Raquel Trindade, para fazer o enredo *Solano Trindade, ao povo em forma de arte*, e eu pude pela primeira vez morar com minha mãe. Na Quilombo tinha baile *soul*, pagode e samba-enredo, e foi lá que conheci, ainda sem nenhuma autoestima, a linda Regina Rezende e nós engravidamos, e eu não assumi, e abortamos. Eu tinha 18 anos e já era para ser um homem. Mas não foi ainda aí. Então você me pergunta: o que tem a ver a namorada e o aborto com o racismo, e eu respondo tudo: é só pensar. Eu fui criado por uma família branca, por uma mãe branca, procurava uma mulher branca. Como diz Malcolm X, o grande prêmio. E, como sempre acontece, achei, da mais ou menos branca até a brancura máxima de uma mulher europeia. Eram mulheres bacanas, bonitas, inteligentes, cultas, brancas como propunham as literaturas e os filmes que guiaram minha infância. Até as revistas de sacanagem se referiam às partes rosadas e aos pelos louros da púbis. A mulher negra não foi minha referência de beleza.

Me tornei adulto, tive filhos de mulheres brancas e de uma mulher negra. São lindos os meus filhos, como suas mães, e sabem desde cedo se defender das questões raciais.

Virei músico profissional e viajei para o exterior esperando encontrar grandes embates raciais. Foram menos do que por aqui, houve confrontos diretos, agressivos e rapidamente solucionáveis. Nunca ninguém fingiu que me viu.

No Brasil briguei no aeroporto, no supermercado, no avião, no prédio de apartamentos, no trânsito, nas minhas aulas com meus alunos, com meus professores e colegas da faculdade, cansei de brigar por racismo a toda hora.

Agora (no momento em que escrevo) estou num outro lugar, não brigo mais com ninguém: chamo a polícia. Os policiais chegam com má vontade, meio bravos por terem que atender casos de racismo, mas eles que são brancos que se entendam, porque o policial preto também é tão branco como o presidente da Fundação Palmares.[9]

O racismo continua incomodando. Tem genocídio, tem desemprego, um monte de efeitos que o racismo causa. Mas pode ser que haja mudança num futuro próximo, ou distante, com a galera gritando nas redes sociais, com mais brancos se percebendo racistas e travando lutas antirracistas, e outros que se percebem falando em voz alta e tomando atitudes racistas e sendo criticados pelos seus.

Os negros estão assumindo lugares importantes na sociedade, e algumas companhias estão abrindo possibilidades de cargos mais elevados para a comunidade negra que se capacita cada vez mais. Estamos buscando colocar nossa gente em postos políticos e estratégicos para que nossas escolas reafirmem o ensino da cultura negra, como já tinha sido proposto, e, apesar da tentativa de retrocesso, conseguimos manter em voga e movimento

9 Sérgio de Camargo, presidente da instituição de novembro de 2019 a abril de 2021, embora filho e irmão dos escritores e ativistas antirracistas Oswaldo de Camargo e Oswaldo de Camargo Filho, mostrou-se racista em seu mandato.

nossa negritude. Ser preto em 2020 é muito mais motivo de orgulho nacional que nas décadas anteriores. Doutores, mestres, professores e self-empreendedores estão sendo cada vez mais comuns na sociedade brasileira.

Nossas religiões, mesmo em guerra contra o terrorismo religioso, apelidado de intolerância, admite um número cada vez maior de pessoas de todas as etnias nos nossos ilês.

O sonho de King, Solano, Abdias, Guillen, Fanon[10] e outros, que sonharam a democracia racial, está cada vez mais perto de se tornar realidade.

Axé Odara!

10 Martin Luther King Jr. (reverendo estadunidense), Solano Trindade (poeta brasileiro), Abdias Nascimento (ensaísta e dramaturgo brasileiro), Nicolás Guillén (poeta cubano) e Frantz Fanon (psiquiatra martinicano) foram todos ativistas antirracistas.

ENTRE ANÚNCIOS E DENÚNCIAS: UM DEPOIMENTO DE VIOLÊNCIA RACIAL, RESISTÊNCIAS E BEM VIVER

WALDINÉIA TELES PEREIRA

Este depoimento é um anúncio para denunciar uma série de vivências marcadas por violências e violações raciais que vivi ao longo da minha vida.

De pé, construí uma família linda preta, em que batizei meu primogênito, Vitório Zumbi, com esse nome para reforçar a referência do nosso grande herói negro. Isso por vezes se torna uma estranheza para os outros, porém a estranheza é minha ao perceber o desrespeito pela escolha do nome do meu filho. E assim, anos mais tarde, o meu filho recebeu uma homenagem ao ser dedicado a ele o livro *Zum, zum, Zumbiiiiiii: história de Zumbi dos Palmares para crianças*, da ilustre escritora Sonia Rosa (2016). Essa inspiração e homenagem demonstram o fortalecimento da minha consciência e a do meu esposo.

Nossa família vive em um lar confortável, cheio de amor, luz e paz.

Hoje, mestra em Educação pela Universidade Federal Fluminense, sigo profissionalmente na rede pública de ensino como pedagoga e professora – além de estar sempre compartilhando o que aprendi sobre a cultura e a educação do povo negro constantemente com muitos pares.

E sempre, sempre me levanto na intenção verdadeira e resistente de construir um mundo melhor e mais justo.

A ação de expor e relatar me proporciona um sentimento de limpeza e de dever cumprido comigo, com meus antepassados e com meus conviventes. Até porque não foram poucas as vezes que gritei, chorei e denunciei, mas fui diminuída, silenciada e invisibilizada, tirando de mim a percepção de humanidade, de indignar-se diante de injustiças e de maus-tratos.

Na minha vida, é impossível conjugar o verbo *respirar* sem refletir sobre as relações raciais e todas as desinências que o racismo produz no cotidiano de uma mulher preta empobrecida pelas desigualdades sociais deste país. O feminino negro e periférico na sociedade brasileira nos expõe em carne viva no sol quente. Tudo o que temos em humanidade representa um lugar indesejado por todos e todas, até muitas vezes por nós mesmas.

Mediante todo o brilho, encanto e buscas por descobertas da infância, já percebia que os atributos físicos que eu e minha família apresentávamos nos mantinham em lugares diferenciados. Porém, nos ambientes onde eu estava sem o meu pequeno quilombo, era muito mais difícil. Assim foi na escola.

Eu tinha 10 anos. O ano era 1988. Cursava a antiga 5ª série do ensino ginasial, hoje identificada como 6º ano do ensino fundamental, em um colégio estadual, situado no bairro de Neves, cidade de São Gonçalo (RJ).

Era o turno da tarde. Impossível esquecer. Após o recreio. A professora de Matemática começou a aula de equações. E eu, sempre muito atenta e ativa, disse que não havia compreendido. Então, ela explicou novamente. No auge da minha inocência, eu relatei que não havia entendido nada ainda. A professora insistiu em explicar novamente, da mesma maneira. Antes que ela terminasse, eu, impaciente, disse que não entendia.

A professora de Matemática me chamou de Cirilo (o único personagem negro da novela *Carrossel* exibido na época, superfragilizado, submisso e romântico, supermaltratado e desprezado por alguns dos seus amigos da história infantil) e me expulsou da sala de aula, reclamando que não me aguentava mais. Detalhe: todos os meus colegas de sala riam de mim e, a partir daquela cena, fiquei sendo apelidada por muito tempo de "Cirila".

E, assim, fui eu para o Serviço de Orientação Educacional (SOE) pela primeira e única vez na minha vida escolar. Chegando lá, relatei o ocorrido, na esperança de que alguém se indignasse com tamanha ignorância e falta de compreensão da professora, mas me foi recomendado pedir desculpas e ficar quietinha. E assim fiz! Minha esperança era chegar em casa e contar tudo para a minha mãe.

Em casa, relatei tudo à minha mãe, que me ouviu com doçura e paciência, mas me orientou a obedecer à professora. E assim procedi!

O anúncio, a denúncia e os depoimentos acerca das dores que o racismo promove sempre foram indesejados, bem como ser quem éramos...

A escola sempre foi um espaço que me favoreceu muito. Gosto de aprender o que ela ensina, por mais que a questione bastante.

E foi na instituição escolar que degustei amargos sabores do racismo.

Entretanto, não me derrubaram nem me destruíram.

Atualmente, movo-me profissionalmente como pedagoga para dialogar um trabalho antirracista.

Após cursar em um colégio público toda a minha educação básica, participei de um pré-vestibular popular que me proporcionou ser aprovada em duas universidades públicas.

E lá fui eu desbravar o mundo e realizar os meus sonhos de menina. Aproximar minha família a uma vida de uma tão sonhada dignidade cidadã.

Pelo que sabia, até então, eu era a única a ingressar em uma faculdade. Quanto esforço! E valeu a pena!

Ingressei em uma faculdade para cursar Pedagogia; na outra, em que cursaria História, perdi o dia da matrícula. Enfim, talvez não fosse para ser...

Já na universidade, inquieta e com fome de liberdade criativa e intelectual, realizei novamente o vestibular e consegui aprovação para o curso de Letras, na mesma universidade em que faria o curso de História. Dessa vez, deu tudo certo. Matrícula. Frequência. Textos. Trabalhos. Provas. Aulas.

Sentia-me realizada, aos 20 anos, cursando duas faculdades em instituições públicas. Meu auge.

Na Pedagogia, eu já era veterana, participante do diretório acadêmico e trabalhando como monitora.

Na faculdade de Letras, um caminho de entusiasmo e bem-estar com a vida acadêmica já acumulada.

Contudo, no terceiro período do curso, fui surpreendida com um professor de linguística que não suportava que eu apresentasse dúvidas, até que um certo dia ele leu um poema, meio conto, chamado "Negrinha", olhando para mim e em minha direção. Um poema duro e cruel de se ouvir. Os colegas de turma me olharam, e eu fiquei extremamente desconfortável com a situação... E calei todas as minhas dúvidas.

Algumas aulas se passaram, e então, mais cuidadosa, comecei a entender a fragilidade daquele professor. Até que um dia, ao entrar na sala de aula após um momento de intervalo e no retorno dos estudantes (eu, um deles), o professor sentiu falta de um livro e perguntou se eu havia pegado.

Que momento constrangedor e violento! Assustada e sem reação, uma amiga me pegou pela mão e me levou à coordenação da faculdade para denunciar a acusação.

O professor de linguística não havia lembrado que o seu livro estava, simplesmente, na parte de baixo da sua mesa. Mesmo o encontrando, ele não se desculpou e seguiu a aula como se não tivesse feito uma imprudência.

Após esse trauma, saí da faculdade. Abandonei. Embora tivesse entrado com o pedido de processo administrativo contra o professor de linguística. Esse, soube que, para se defender da acusação de racismo, da submissão a um processo administrativo e do risco de perder o seu emprego, casou-se com uma mulher negra e desfilava de forma exibicionista com ela de mãos dadas na faculdade.

Muito abalada, passei a ter medo do ódio e da capacidade da maldade do sentimento do professor de linguística.

Comecei a entender que havia um lugar no mundo onde desejavam que a minha existência e de pessoas como eu fossem subordinadas e negadas de uma forma despudorada.

Nesse contexto, minha identidade já estava cravada de impotência, incapacidade, culpa e violência emocional. Até porque os problemas de outras ordens e aspectos da vida não deixaram de acontecer.

Sem trabalho, sem amparo estudantil e com muitas demandas, eu precisava encontrar um emprego para dar continuidade aos meus estudos e sustentar minha mãe com deficiência e a casa. Comecei a anunciar tal necessidade, assim como me dediquei a entregar milhares de currículos em serviços variados. Até que encontrei um velho amigo de capoeira, arte que pratiquei durante boa parte da minha adolescência, que me indicou um teste em uma casa de espetáculos para turistas na Zona Sul do Rio de Janeiro. Grata e cheia de esperanças, fui à audição, mas não fui selecionada. Triste e preocupada sobre como ficaria a minha vida, desabafei com os integrantes do grupo de capoeira que imediatamente me sugeriram e me incentivaram a fazer um teste para trabalhar como mulata, dançarina do samba. De fato, eu sambava em rodas de samba. De fato, eu desfilava em escolas de samba desde o útero da minha mãe. Mas daí ser uma artista dançarina do mundo do samba... que desafio! E fui!

É impressionante como as amarras do racismo adoeceram, ou melhor, tentaram adoecer a potencialidade do feminino negro. Essa empreitada de estudar e trabalhar como dançarina me rendeu mais aprendizados do que eu imaginava como mulher.

O mais engraçado é que, na casa de espetáculos, as mulheres, minhas colegas de trabalho, não acreditavam que eu fazia faculdade. Lia textos, tinha um conhecimento científico e, em pouco tempo, eu deixaria o palco, o samba, a noite. E como eu as compreendia.

Não obstante, o que me surpreende até hoje é que, na faculdade onde eu estudava e era atuante de forma acadêmica e política, alguns professores, ao saberem que eu estava trabalhando na noite como dançarina, acreditavam que eu estava me prostituindo. Tal situação, inclusive, foi tratada em uma reunião de colegiado e revelada para mim por uma professora amiga e irmã com grande preocupação e cuidado.

Apesar disso, não me derrubaram nem me destruíram.

Contudo, segui no curso de Pedagogia, me formei. Realizei um curso de extensão e em seguida de pós-graduação em Relações Raciais, Educação e População Negra, espaço no qual consegui elaborar uma série de lacunas históricas e embasar-me teoricamente sobre tantos males, que presenciava comigo e no meu entorno, que não eram definidos como racismo estrutural: a pobreza, a violência urbana, a demonização da fé da minha família, a inferiorização da nossa estética etc.

Havia em meu olhar uma lucidez do processo histórico político e ideológico dominante no qual identificava a não conferência de humanidade à minha negritude, à minha vida e à vida de tantas outras. Sempre houve um espaço bem pequeno para a identificação empática: ser reconhecida com humanidade.

Ainda assim, não me derrubaram nem me destruíram.

Dessa forma, tornei-me bem combativa contra o racismo, estudando intensamente e fundamentando a minha prática e minha narrativa.

Já concursada na Secretaria Municipal de Educação do Rio de Janeiro, fui lotada como professora em um Ciep (Centro Integrado de Educação Pública) numa comunidade carioca, alfabetizando crianças e adultos. Foram 14 anos de trabalho. E a minha ruptura foi por meio de alguns episódios de difamação e calúnias. E pode acreditar: por colegas professores e pela direção da escola, de forma silenciosa, extremamente maldosa e covarde.

Após uma festa no turno da noite, todos os funcionários colaboraram para a arrumação da festa. No dia seguinte, a diretora afirmou ter sumido o computador portátil da escola. Ela e a maioria dos professores olharam para mim. Parecia que haviam feito um pacto de olhares acusadores e intimidadores.

Mais uma vez, tive que lidar com a dor e o trauma de ter uma pele preta. Minha indignação não me deixava falar, reagir. A solidão e a dor, para as vítimas de racismo, são avassaladoras.

Cheguei à conclusão que eu era encarada pelo mundo como uma pessoa má, tirana, violenta, ladra. Mais uma vez, o trauma do pacto de silenciamento desmontou a minha vida.

Abandonei o trabalho. Decisão importante para a minha saúde mental.

No entanto, não me derrubaram nem me destruíram.

Passei em outros concursos. Fui viver longe daquela plateia que se calou e compactuou diante de uma injustiça.

Contudo, dentro de mim, algo ressoava dizendo que nada tiraria a minha alegria de viver e vencer todas as insubordinações impostas pela negligência nas políticas públicas de reparação do nosso povo. Nada tiraria a minha alegria e minha humanidade, destruiria a minha luz, impediria de ter bons encontros e pensar no coletivo.

E, assim, imbuída de continuar o meu trabalho educativo de formação de pessoas e mentes numa perspectiva antirracista, mediante concurso público, ingressei em outra Secretaria de Educação. Nesta outra Secretaria Municipal, de uma cidade da região metropolitana da periferia rural, construí um projeto de formação de professores para a dinamização da Lei nº 10.639/03. A princípio, o projeto foi negado; porém, numa mudança de governo, fui chamada para pôr em prática o curso. Uma grande alegria que combinava trabalho e luta contra o racismo. E foi lindo!

Em uma outra mudança de governo municipal, existiram alterações nas quais o meu trabalho ficou em segundo plano para a gestão. O contexto era de um governo conservador, protestante e branco. Era nítido que a minha presença e o trabalho de afirmação da história e cultura negra tomariam uma proporção de invisibilidade, de desprestígio e desatenção.

O racismo estrutural tem uma linguagem universal. E mais uma vez, ao sumir um celular na repartição na qual eu trabalhava, fui acusada, de forma silenciosa e cruel, de ter furtado. Entendi que a geografia do racismo acontece em qualquer lugar: seja no centro ou na periferia.

Com isso, aprendi também que o racismo não suporta quem se movimenta e acredita em si.

O desconforto de viver tomou a minha existência profissional, minhas idas diárias ao trabalho. Fiquei muito atenta àquele ambiente hostil – e aos comportamentos mesquinhos daqueles profissionais que se manifestavam me seguindo, protegiam suas bolsas quando eu chegava, boicotavam o meu exercício funcional e tinham os salários mais altos. Mesmo seus altos trabalhos não me intimidaram na luta. No fundo da minha alma, eu sentia pena dos comportamentos pequenos desses humanos.

Principalmente, tornei-me mais consciente de que essa branquitude nunca, mas nunca, irá se satisfazer vendo-me fazer algo que fere a minha dignidade, minha negritude e minha ancestralidade. Os meus têm orgulho de mim! Roubarei apenas sonhos injustos com posicionamentos no mundo de combate ao racismo até o meu último suspiro.

Mesmo assim, não me derrubaram nem me destruíram.

E hoje meu sentimento se alinha ao poema de Maya Angelou, que diz assim:

> Você pode me riscar da história
> Com mentiras lançadas ao ar.
> Pode me jogar contra o chão de terra,

Mas ainda assim, como a poeira, eu vou me levantar.
[...]
Da favela, da humilhação imposta pela cor
Eu me levanto
De um passado enraizado na dor
Eu me levanto
[...]
Em direção a um novo dia de intensa claridade
Eu me levanto
Trazendo comigo o dom de meus antepassados,
Eu carrego o sonho e a esperança do homem escravizado.
E assim, eu me levanto
[...]

(ANGELOU, 2020)

Referências

ANGELOU, Maya. E ainda assim eu me levanto. In: ANGELOU, Maya. *Poesia completa*. Tradução: Lubi Prates. São Paulo: Astral Cultural, 2020.

ROSA, Sonia. *Zum, zum, Zumbiiiiii*: história de Zumbi dos Palmares para crianças. Rio de Janeiro: Pallas, 2016.

SOBRE MÁSCARAS E RACISMO: SOU UMA *LADY* OU UMA MILITANTE?

ZÂMBIA OSÓRIO DOS SANTOS

Em uma tarde de novembro, pela tela do computador, a voz de Nádia Cardoso da Silva (2018) me transportou para outro tempo ao questionar: "Qual nosso drama como intelectual negra na universidade?" A pergunta abria os trabalhos do minicurso "Descolonização epistêmica numa perspectiva negro-brasileira" que Nádia Cardoso ofereceu no XI Congresso Brasileiro de Pesquisadores/as Negros/as (Copene) e encontrou respostas em uma escrita reflexiva que eu timidamente havia iniciado, provocada pelo Clube de Leituras Decoloniais, cuja curadoria é feita por Camilla Dias, Isa Souza, Maria Ferreira e Pétala Souza. Quando Sonia Rosa me perguntou: "Como você identifica o racismo em seu cotidiano?", voltar para essa escrita inicial fez todo o sentido. Registrar essas confluências é uma escolha por não invisibilizar que os processos de minha escrita são atravessados de muitos encontros, e que "eu" também é feito da soma de muitas de nós.

Neste ano em que tantas coisas aconteceram, o tempo figurou ora como aliado, ora como inimigo, e, para lidar com as horas e os dias, mergulhei em leituras. Foi assim que, em uma madrugada, lendo uma seleção do Clube de Leituras Decolonais, *Lélia Gonzalez*, livro escrito por Alex Ratts e Flavia Rios (2010), saltou das páginas a questão: "Eu habito a universidade, e a própria vida, como *lady* ou como militante?" No livro, essas personas representam dois momentos na história de Lélia Gonzalez e suas interações nos espaços. Quando voltei essa pergunta para minhas vivências, o que me fez perceber semelhanças com Lélia Gonzalez foram os episódios que em certa medida partilhamos, convivendo com o racismo e o sexismo em nossa sociedade... Sou uma *lady* ou uma militante? Figurar entre essas *performances* demarca a ação sistêmica e contínua do racismo em nossas vidas.

Pesquisar é algo que faço como uma atividade inerente a viver, pois a curiosidade me move, e porque narrativas de representatividade são uma demanda constante para mim, então estou sempre buscando histórias de pessoas, acontecimentos, organizações e movimentos de forma a me sentir parte de uma narrativa de história, tanto do estado em que nasci como do país que habito. Assim, pesquisar não é algo que faço movida pela universidade, mas pela urgência de saber de mim em outros rostos. Então habito como militante, não?

Alguns currículos, algumas posturas, crenças partilhadas em pactos invisíveis, me fazem encarar o espaço da universidade como uma arena de disputa, então quase nunca estou tranquilamente vivenciando seu cotidiano, há uma tensão que é constante. Lido com esses tensionamentos com cargas duplas de leituras, mobilizo "A Epistemologia", singular e supostamente universal, e também uma epistemologia negra. As roupas sempre muito bem alinhadas, os cronogramas sempre adiantados. Sorrindo, disposta, acessível. Sou uma *lady*.

Mas, se é tão incômodo, de que vale estar neste lugar? Fico me perguntando muitas vezes, e a resposta acho que não tenho, mas os encontros que esse espaço possibilita são força motriz para continuar insistindo, estudar a escrita negra, me ver nas letras pretas inscritas nas páginas, encontrar professoras negras ocupando a universidade, me reconhecer em grupos de pesquisa que dialogam com minhas experiências diaspóricas. Além de que uma doutora negra ou uma negra doutora é importante para tentar o bem viver num estado que se recusa a pagar o piso salarial de educadoras. Uma doutora é uma *lady* ou uma militante?

Habito então esse espaço, como militante, mobilizando os signos (olha eu citando Pierre Bourdieu,[11] um branco europeu aqui) de reconhecimento da linguagem e da cultura universitária, em uma *performance* de *lady*. Mobilizo esses signos porque, em alguns momentos, é a possibilidade de criar espaços de escuta do que elaboro, para então, sim, poder dizer o que quero, mobilizo uma forma de escrever, falar e me portar muitas vezes como forma de escudo, blindagem acadêmica. Mas, no final

11 Pierre Bourdieu falou sobre os signos como instrumentos de poder em *Economia das trocas simbólicas* (Perspectiva, 2005) e *O poder simbólico* (Bertrand Brasil, 2010).

do dia e ao longo da caminhada, são tantas máscaras... não vale o peso de carregá-las.

Quando tenciono essa forma de estar no mundo e me recuso a responder às figuras de controle que o racismo cria sobre mim, corpo de uma negra, as reações da branquitude nos recordam que não há como fugir. Se não estou disposta a responder às questões de brancos corpos sobre fetiches racistas sobre negras e negros na história ou se não estou disposta a educar de forma insistente, contínua e amorosa as pessoas brancas ao meu redor, sou considerada agressiva: comparam as lutas que integro com extremismos religiosos, referenciam Paulo Freire (2003) para dizer que "educar é um ato constante".

Ser educadora e estar no espaço da universidade cria situações em que constantemente sou questionada sobre meu comprometimento em minhas atuações por não estar disposta a me submeter aos delírios da branquitude sobre servidão colonial, e é então que me percebo me distanciando cada vez mais da *lady* e me forjando militante. A forja é feita no fogo. Na África, em tempos antes da invasão europeia, em muitos territórios, ferreiros eram considerados detentores de saberes e magia, trabalhando os metais e criando mundos. Quem me forja não é o racismo ou as pessoas brancas: são ferreiras as minhas ancestrais, e as mais velhas que partilham suas vivências me impulsionando a seguir, o fogo que me molda é a potência de permanecer viva, habilidade partilhada por negras e negros da diáspora pelo mundo.

Vou então retirando as máscaras brancas... escrevendo só com quem de fato quero dialogar, falando sobre o que de fato quero falar. É acalentador quando existem espaços onde posso ser só eu – embora eu seja a soma de muitas máscaras e rostos de mim –, não uma educadora negra ou uma negra educadora, mas também uma estudante, educadora, mulher, lésbica, militante, desconstruindo a *performance* de *lady*, deixando de ser a outra do outro e me tornando eu.

Referências

FREIRE, Paulo. Educação e esperança. In: FREIRE, Paulo. *Pedagogia da indignação*: cartas pedagógicas e outros escritos. São Paulo: Unesp 2003.

RATTS, Alex; RIOS, Flavia. *Lélia Gonzalez*. São Paulo: Selo Negro, 2010.

SILVA, Nádia Maria Cardoso da. *Descolonização epistêmica numa perspectiva negro-brasileira*. Tese de doutorado. Programa Multidisciplinar de Pós-graduação em Cultura e Sociedade. Salvador: Universidade Federal da Bahia, 2018.

SOBRE OS(AS) AUTORES(AS)

Alana Francisca
É professora de Língua Portuguesa da Rede Municipal de Educação do Rio de Janeiro, pós-graduada em Literaturas Lusófonas na UFRJ, participante da Flup e mãe do Francisco, seu grande amor.

Anderson "Quack" Luiz Alves de Oliveira
É ativista social, escritor, produtor cultural, cineasta brasileiro e graduando em Sociologia na UFF. Carioca da Cidade de Deus, foi um dos fundadores da Central Única das Favelas (Cufa). Quack se dedica à construção de pontes que reduzam as desigualdades.

Diego Santos Francisco
É jornalista, mestre em Relações Étnico-raciais e, na época em que contribuiu para esta coletânea, doutorando em Sociologia. Pai do Antônio, marido da Aline e criador do Afropai, o primeiro podcast sobre paternidade negra do Brasil.

Elen Oliveira Ferreira Silva

É mulher, negra, oriunda do Morro da Providência (RJ). Pedagoga e professora dos anos iniciais do ensino fundamental, conselheira consultiva do Museu de História e Cultura Afro-brasileira e criadora do Pretinhas Leitoras.

Jacqueline Torres

É enfermeira, doutora em epidemiologia, engajada em projetos de melhoria da qualidade em saúde no Brasil e em Moçambique, é mentora de lideranças negras e fundadora da empresa Mlapa Orientação e Treinamento, que tem foco na promoção da equidade racial na saúde. Faz parte da iniciativa Conselheira 101, que tem por objetivo contribuir para tornar os Conselhos de Administração e Comitês de Assessoramento mais diversos sob a perspectiva racial, e dar visibilidade a mulheres negras que já possuem as qualificações necessárias para ocupar esses assentos.

Kemla Baptista

É uma multi-artista que construiu sua experiência sob a inspiração de grandes mestras e mestres da narração oral, cultura popular e literatura infantil. Contadora de histórias, atriz, apresentadora de TV, roteirista, pedagoga e escritora, criou a abordagem artístico pedagógica Caçando Estórias há 15 anos no Rio de Janeiro. Figura atuante nas redes sociais, vai além das redes ao fundar a Casa do Ofá, que é a primeira casa de educação antirracista para criança em Pernambuco.

Luis Araújo
É piauiense, criado em Santa Catarina, e escolheu o Rio de Janeiro para viver. Arquiteto e urbanista de formação. Na época em que contribuiu com esta coletânea, realizava sua pesquisa acadêmica em nível de doutoramento pautado no debate de questões sobre Arquitetura e Relações Raciais.

Renato Noguera
É graduado e pós-graduado em Filosofia, professor do Programa de Pós-graduação em Filosofia e do Departamento de Educação e Sociedade da UFRRJ. É responsável pelo Grupo de Pesquisa Afroperspectivas, Saberes e Interseções (Afrosin) e integra o Laboratório de Estudos Afro-brasileiros e Indígenas (Leafro) e o Laboratório Práxis Filosófica de Análise e Produção de Recursos Didáticos e Paradidáticos para o ensino de Filosofia da UFRRJ.

Roberto de Oliveira Silva (Eddi MC)
É rapper, indicado ao prêmio Grammy Latino em 2002 na categoria melhor álbum rap/hip hop com a banda Nocaute; jornalista, gestor de comunicação estratégica; produtor e articulador do coletivo de músicos Baixada Nunca Se Rende, atuando pela sustentabilidade dos artistas da região metropolitana do Rio de Janeiro; apresentador nos programas de televisão Jornal Futura e Conexão Futura, do curta metragem *Beat Box – o sexto elemento* e do quadro Baixada Nunca Se Rende, na Rádio Roquette Pinto; palestrante e oficineiro (cultura hip hop), ministrou dois workshops em Moçambique para músicos a agentes de saúde sobre o movimento musical da Baixada Fluminense (RJ).

Rodrigo Mendes

É pai de três meninas e avô de um menino. Formado em Letras – Língua Portuguesa e Literatura Brasileira em 2014, leciona na rede privada de ensino desde 2015. É amante do samba e foi integrante de algumas rodas de samba na cidade do Rio de Janeiro. Como educador, busca desenvolver um trabalho que valorize as relações étnico-raciais em prol de uma educação antirracista e decolonial.

Sandro Lopes dos Santos

Foi cineasta, professor da UFRRJ e doutor em Design pela PUC-Rio. Com sua pesquisa, buscava contribuir para uma mídia plural e diversa. Na época em que contribuiu para esta coletânea, desenvolvia os projetos infantis Nana & Nilo e Kekere Infâncias. Lamentavelmente, Sandro nos deixou em 2021, vítima da Covid-19.

Sara da Silva Pereira

É mãe do Bruno, avó do Oliver, filha da Maria José e neta de seu Antônio, um contador de histórias. É diretora no Departamento de Educação Infantil no município de São José dos Pinhais (PR), doutoranda em Educação pela Universidade Federal do Paraná e integrante do Grupo de Estudos e Pesquisas ErêYá e do Neabi/Ufac — Núcleo de Estudos Afro-Brasileiros e Indígenas da Universidade Federal do Acre.

Simone Ricco (Ribeiro da Conceição)

É mestra em Letras, pesquisadora das Literaturas Africanas de Língua Portuguesa e Literatura Negro-brasileira.

Idealizadora do NEIRER (Núcleo de Estudos de Inclusão e Relações Étnico-Raciais) da 8ª Coordenadoria Regional de Educação, SME/RIO, promove o letramento racial a partir de diversas práticas pedagógicas e fazeres culturais, que ampliam a representatividade negra e colaboram com a educação inclusiva e antirracista.

Sinara Rúbia Ferreira
É educadora, escritora e mestre em Relações Étnico-Raciais (PPRER) pelo CEFET/RJ, graduada em Letras Português/Literatura, pós-graduanda em História da África e Diáspora Atlântida. É pesquisadora nas áreas de Literatura Infantojuvenil Negra e Contação de Histórias de Inspiração Griô. Foi assessora de Políticas Antirracistas, SMC/RIO e gerente de Livro e Leitura, SMC/RIO. Atualmente é Diretora-Presidente do MUHCAB/RIO (Museu da História e da Cultura Afro-Brasileira).

Sonia Rosa
É escritora de Literatura Negro-afetiva para crianças e jovens, mestre em Relações Étnico-Raciais (PPRER) pelo CEFET/RJ, pedagoga e consultora do Letramento Racial. A autora tem várias bibliotecas escolares batizadas com seu nome.

Tatiane Oliveira
É pedagoga, pós-graduada em Educação para as Relações Étnico-raciais; empresária e editora, voltada para publicação, curadoria e venda de livros, sendo especialista nos livros para a infância e juventude com protagonismo negro.

Vitor da Trindade

É Ogan Alabê, cantor, percussionista, compositor, violonista popular e herdeiro cultural do legado do seu avô, o poeta Solano Trindade. É professor, arte-educador e mestre em Etnomusicologia na ECA-USP. E, no momento de publicação desta coletânea, doutorando em Musicologia na University of Music Franz Liszt Weimar, Alemanha

Waldinéia Teles Pereira

É mãe de dois meninos, professora de Ensino Religioso de Matrizes Africanas, Seeduc/RJ; participante do Grupo de pesquisa Kekere no ProPEd-Uerj; produtora de conteúdo da Rede de Professores Antirracistas. É pedagoga e mestra em Educação pela UFF, especialista em Relações Raciais Negras e Educação pela Penesb-UFF, e doutoranda em Educação pela ProPEd-Uerj.

Zâmbia Osório dos Santos

É mulher negra, filha de Consola e irmã de Azânia, Zimbabwe e Zaire, e curiosa sobre as coisas do mundo. É educadora com formação em História, pesquisadora filiada à Associação Brasileira de Pesquisadores/as Negros/as – ABPN e da Red de Investigaciones Afrolatinoamericanas (Riala), e doutoranda em Educação pela Universidade Federal de Santa Catarina (UFSC), na época em que contribuiu para esta coletânea.

fonte Caecilia e Conduit
papel offset 75g/m²
impressão Gráfica Reproset, janeiro de 2024
1ª edição